『通古察今』系列丛书

山树与臣绢

——唐代城市商人与商业

宁欣 著

河南人民出版社

图书在版编目(CIP)数据

山树与臣绢：唐代城市商人与商业 / 宁欣著. —
郑州：河南人民出版社，2019. 12(2024. 5 重印)
(“通古察今”系列丛书)
ISBN 978-7-215-11957-4

Ⅰ. ①山… Ⅱ. ①宁… Ⅲ. ①商业史-研究-中国-唐代 Ⅳ. ①F729.42

中国版本图书馆 CIP 数据核字(2019)第 271049 号

河南人民出版社出版发行
(地址:郑州市郑东新区祥盛街 27 号 邮政编码:450016 电话:0371-65788072)
新华书店经销 永清县晔盛亚胶印有限公司印刷
开本 787 毫米×1092 毫米 1/32 印张 4.375
字数 60 千字
2019 年 12 月第 1 版 2024 年 5 月第 3 次印刷

定价：48.00 元

“通古察今”系列丛书编辑委员会

序　言

在北京师范大学的百余年发展历程中，历史学科始终占有重要地位。经过几代人的不懈努力，今天的北京师范大学历史学院业已成为史学研究的重要基地，是国家首批博士学位一级学科授予权单位，拥有国家重点学科、博士后流动站、教育部人文社会科学重点研究基地等一系列学术平台，综合实力居全国高校历史学科前列。目前被列入国家一流大学一流学科建设行列，正在向世界一流学科迈进。在教学方面，历史学院的课程改革、教材编纂、教书育人，都取得了显著的成绩，曾荣获国家教学改革成果一等奖。在科学研究方面，同样取得了令人瞩目的成就，在出版了由白寿彝教授任总主编、被学术界誉为“20世纪中国史学的压轴之作”的多卷本《中国通史》后，一批底蕴深厚、质量高超的学术论著相继问世，如八卷本《中国文化发展史》、二十卷本“中国古代社会和政治研究丛书”、三卷本《清代理学史》、五卷本《历史文化认同与中国统一多民族国家》、二十三卷本《陈垣全集》，以及《历史视野下的中华民族精神》《中西古代历史、史学与理论比较研究》《上博简〈诗论〉研究》等，这些著作皆声誉卓著，在学界产生较大影响，得到同行普遍好评。

除上述著作外，历史学院的教师们潜心学术，以探索精神攻关，又陆续取得了众多具有原创性的成果，在历史学各分支学科的研究上连创佳绩，始终处在学科前沿。为了集中展示历史学院的这些探索性成果，我们组织编写了这套“通古察今”系列丛书。丛书所收著作多以问题为导向，集中解决古今中外历史上值得关注的重要学术问题，篇幅虽小，然问题意识明显，学术视野尤为开阔。希冀它的出版，在促进北京师范大学历史学科更好发展的同时，为学术界乃至全社会贡献一批真正立得住的学术佳作。

当然，作为探索性的系列丛书，不成熟乃至疏漏之处在所难免，还望学界同人不吝赐教。

北京师范大学历史学院

北京师范大学史学理论与史学史研究中心

北京师范大学“通古察今”系列丛书编辑委员会

2019 年 1 月

目　录

引 言

王元宝，开元时（公元 713—741 年）长安大富商，富有四海。唐玄宗（公元 712—756 年在位）曾经召元宝进宫，询问他到底拥有多少家财。元宝大言道：“臣请以绢一匹系陛下南山树，南山树尽，臣绢未穷。”玄宗得出的结论是：“我闻至富可敌贵。”

商业发展的特点和路径到底是什么？犹如王元宝这样的大商人到底经历了些什么？为何皇帝居然在我们一向以为的“重农轻商”“重农抑商”的古代认为“富可敌贵”？“以末致富、以本守之”是不是商人必经之路呢？

一、中国古代商业的特点与概貌

中国古代社会是一个以农业（包括副业和家庭手工业）为本的社会，自然经济始终占有主导地位，中国古代商业的发展也是有曲折的，出现过几起几伏，其中经历了三个高潮期，依次是战国秦汉时期、唐宋时期和明清时期。这些高潮期都处于社会变迁的关键时段，商业的发展对社会转型往往起到重要的推动作用，促使商品经济发展走向新阶段。三个高潮期又各有时代和阶段性特点。但几次高潮期之间，也出现因内外因素，而导致商品经济衰歇或受到重大挫折，造成商业萎缩的局面。

(一)商业发展与繁荣的基础

商品经济包括商品生产和商品流通，商品流通就是商业活动。因此，商业发展与繁荣的基础，即农业生产力的发展。

中国古代社会，农业经济（包括种植业、养殖业和采集业）是最主要的社会经济部门。农业和手工业的分工很早就开始出现，农业和手工业之间的产品交换最终催动了商品经济的形成和发展。当然，还包括农产品之间、手工业产品之间的交换，但农业与手工业产品的交换始终是中国古代社会商业活动最主要的内容。

古人对商业繁荣对社会经济发展的作用曾有过过高的估计,“宛周齐鲁商遍天下,故乃贾之富或累万金,追利乘羡之所致也。富国何必用本农，足民何必井田也。”[1]事实上，对于古代中国，商业的规模、商品结构等都建立在农业和手工业发展的基础之上。就以商

[1] 王利器校注:《盐铁论校注》卷一《力耕》，中华书局，1992 年，第 29 页。

品经济发展的第一个高潮——战国秦汉时期为例，首先是春秋战国时期铁器以及农业技术的推广和普及，促进了农业生产力的大发展，从而迎来了商业发展的第一个高潮。

杜甫《忆昔》诗："忆昔开元全盛日，小邑犹藏万家室。稻米流脂粟米白，公私仓廪俱丰实。九州岛道路无豺虎，远行不劳吉日出。齐纨鲁缟车班班，男耕女桑不相失。"[1]对盛世充满深情的怀念，有几个表现盛世的关键词汇，"稻""粟""仓廪""齐纨鲁缟"等，都是描述的农业生产发展给社会带来的富庶，而且这一切都缘于"男耕女桑不相失"。正是唐朝前期一百多年的农业稳定发展，成为商业繁荣的基础。

明清时期，高产作物如稻子在南方地区的普遍种植，玉米、番薯等品种的引进和推广普及，促进了农业生产力的进一步大发展，为第三个商业发展高潮的到来奠定了基础。

中国传统农业的特征：主要以一家一户为生产单位、与手工业和家庭副业相结合。一方面，作为个体

[1]〔清〕浦起龙撰:《读杜心解》卷二《忆昔二首》，中华书局，1961年，第287页。

农户，生产规模小，劳动生产率不高，扩大再生产的余地小，抵御天灾人祸的能力弱，因此，为市场提供的剩余产品作为商品交换的份额极其有限，主要是粮食、布帛、副业产品等。另一方面，农民也需要借助市场交换生活必需品，如盐、铁、陶瓷，还有粮食、布帛等的相互调剂，总体来看，农民的市场购买力极其低下。个体农户市场购买力虽然很有限，但是一家一户的个体农民所必须进行的商品交换，虽然有分散、量少的特点，但就全国而言，叠加的数量又是巨大的。这些进入各级各类市场的农副产品是商业发展的基础。盐、铁受到产地的限制，往往需要长途转输，对国计民生的影响最大，很长时间作为官府的垄断产业，很多私营工商业主也往往靠经营盐铁业攫取暴利。

因此，中国古代社会经济的发展及商业的繁荣，是以农业生产力（包括副业和家庭手工业）的发展为基础的。农业生产力的大发展，必定带来商业的大发展。商品经济发展的三个高潮时期，都是在农业生产力大发展的基础上出现的。

（二）商业发展的三个高潮

中国古代商业发展的曲线可谓是三波多折。三波，即指战国秦汉、唐宋和明清三次高潮期；多折，即指魏晋南北朝、五代十国等割据战乱时期，商业受到挫折，从原已达到的高潮跌落，甚至出现衰歇的局面。

第一个高潮，是中国从分裂割据最终实现统一的时期，《荀子·王制篇》描述了战国时期全国商品流通的情况："北海则有走马、吠犬焉，然而中国得而畜使之；南海则有羽翮、齿革、曾青、丹干焉，然而中国得而财之；东海则有紫紶、鱼、盐焉，然而中国得而衣食之；西海则有皮革、文旄焉，然而中国得而用之。故泽人足乎木，山人足乎鱼，农夫不斫削不陶冶而足械用，工贾不耕田而足菽粟。"[1] 秦汉的大一统局面也促进了商业的进一步繁荣，《史记·货殖列传》云："汉兴，海内为一，开关梁，弛山泽之禁。是以富商大贾

[1] 〔清〕王先谦撰:《荀子集解》卷五《王制篇第九》，中华书局，1988 年，第 161 页。

周流天下，交易之物莫不通得其所欲。”[1] 因此，商人势力的成长，很多大中都会成为商业贸易的中心，是第一次高潮出现时最重要的特征之一。

第二个高潮，在唐前期一百多年农业稳定发展的基础上，社会经济呈现全面繁荣。唐后期开始，坊市制度逐渐被突破，对商业的限制逐渐松弛，城市工商业人口比重加大，商业繁荣，商品结构也出现变化。元稹《估客乐》一诗生动描述了商人长途贩运的商品：

求珠驾沧海，采玉上荆衡。北买党项马，西擒吐蕃鹦。

炎洲布火浣，蜀地锦织成。越婢脂肉滑，奚僮眉眼明。

通算衣食费，不计远近程。经营天下遍，却到长安城。[2]

[1] 〔汉〕司马迁撰：《史记》卷一二九《货殖列传》，中华书局，2013 年，第 3958 页。

[2] 〔唐〕元稹撰：《元稹集》卷二三《乐府·乐府古题序·估客乐》，中华书局，2010 年，第 307 页。

《史记·货殖列传》有所谓:“百里不贩樵，千里不贩籴。”说的都是唐以前商人经营的商品尤其是长途贩运，以质轻价贵、便于转运、赢利大的奢侈品为主，如元稹《估客乐》中提到的珠、玉、马、锦、越婢、奚僮等，而日常生活所需的粮食等，由于贩运成本高，不是商人经营的主要品种，全国性的商品市场尚未形成。唐朝后期开始，这种情况有了变化，粮食、茶叶、瓷器等生活必需品逐渐成为商品交易的大宗。《唐国史补》卷下谈到当时商品交易的情况:“凡货贿之物，侈于用者，不可胜纪。丝布为衣，麻布为囊，毡帽为盖，革皮为带，内邱白瓷瓯，端溪紫石砚，天下无贵贱通用之。”[1]说的都是日用品种类。北宋以后，南方经济的发展更为明显，有更多的史料记述了日用品的大宗交易情况，而利用水路运输商品运载量大，比起陆运成本更为低廉。北宋开封城中的大相国寺，实际上也是一个全国最大的商品交易集散地，每月五次开放，任由“万姓交易”[2]。“中庭两庑可容万人。凡商旅

[1] 〔唐〕李肇撰:《唐国史补》卷下，上海古籍出版社，1979年，第6页。

[2] 〔宋〕孟元老撰，邓之诚注:《东京梦华录注》卷三《相国寺万姓交易》，中华书局，1982年，第88页。

交易，皆萃其中。四方趋京师以货物求售、转售他物者必由于此。”[1]所交易的商品种类繁多,有家居用品、鞍辔弓箭、时果腊脯、绣作珠翠、幞头帽子、书画古玩、土产香药，大多属于日用品之类。

商品结构的变化是第二次高潮最重要的变化之一。

第三次高潮出现的明清两朝，都是延续了数百年的统一王朝，政治的统一和社会的相对安定，为商业的发展提供了良好的客观环境。明中后期以后，随着近代化的萌动，如经济作物的广泛种植、农副产品商品化程度加深、专业化程度提高（专业性城镇和专业性地区的形成、农业和手工业专业户的形成等方面），都成为商业发展的新因素。

（三）商业限制与突破限制

中国古代的商业，受到种种限制和束缚。这些限制和束缚，有的是受中国社会经济结构特点所制约，

[1] 〔宋〕王栐撰:《燕翼诒谋录》卷二《东京相国寺》，中华书局，1981 年，第 20 页。

如农业劳动生产率低、农业人口比重大、自然经济占主导地位等，有的则来自国家的干预，如体制、制度、政策措施、观念导向等。中国的商业就是在不断突破限制与束缚的过程中，曲折地发展、进步。但由于这些突破始终无法完全打破限制和束缚，因此，也阻碍了中国社会最终完成向资本主义社会的转型。

最直接的限制有主观和客观两方面。就主观方面的限制而言，一是对商人政治社会地位的限制，二是对市场开放程度的限制。唐以前（包括唐）官府对商人的限制有很多具体措施，对商人政治社会地位限制最主要的是不得做官（包括不允许参加科举考试）。宋朝开始，允许商人参加科举考试，是一个大转变。清朝后期盛行捐纳（买官），并形成制度，买官成为进入仕途和升迁的正式途径，对商人而言，又是一个大变化。商人的变化除了本身政治社会地位的变化，商人构成也在发生变化，不仅是行商坐贾的分类，出现牙人（经纪人）这一层级，出现了批发商这一群体，明中期以后，也出现了以地域为中心、以血缘为纽带自发形成的商人群体——商帮，比较著名的如徽商、晋商等，都是随着商业的发展商人构成发生变化的表现。

此外，商人经营方式和内容也在发生变化，随着商品经济的发展，随着农副产品和手工业产品的商业化程度的加深，商品结构也不断有所变化。唐宋以后，日用品成为商人经营的大宗，经营方式也从行商坐贾的分类，发展为按商品流通的各个环节形成收购、运输、仓储、批发、零售的不同商业流程和行业分类。

中国古代的商业活动主要是以城市为中心的，《史记》记述了包括都城长安在内的十九个重要城市，其中，长安、洛阳、临淄、南阳（宛）、邯郸、成都六大都会，都是全国和地方性的商业中心城市。《盐铁论·力耕》云："自京师东西南北，历山川，经郡国，诸殷富大都，无非街衢五通，商贾之所臻，万物之所殖者。"[1]指明城市的发展是以商业的繁荣为重要内容的。对市场的限制，比较典型和集中的表现是坊市制度，官府对市场开放的时间和空间有各种规定，尤其对都城市场的限制更为严格，城市商业受到很大限制。唐朝后期，商品经济的发展，逐渐突破了坊市制和城郭限制等封闭式的格局，北宋以后出现了街市、桥市，夜市

[1] 《盐铁论校注》卷一《力耕》，第 29 页。

开禁，城市从封闭格局趋向于开放格局，使商业活动具有了更广阔的发展空间和时间弹性，对工商业的其他限制也日趋松弛。人口日益向大中城市集中，商业行会逐渐发展以及城市服务业的兴盛成为城市商业繁荣的重要特征。唐后期开始，南方商业性城市及大小经济型市镇、各类草市的发展尤为明显，经济和商业重心向东南移，城市重心也随之向东南移。明清时期出现若干以生产或经销某类商品而著名的市镇，如景德镇、佛山等，主要集中在江淮和东南地区。运河沿岸、长江沿岸、东南沿海、水陆要冲，很快都发展成为商品集散的枢纽重镇。官府对工商业的控制和限制逐渐松弛，是中国古代商业发展过程中的大趋势。

就客观方面而言，商业的发展一是受交换媒介形式（即货币的形式）的限制，二是受交通运输水平的限制。中国古代自然经济占主导地位，在很长一段时期，实物承担着交换媒介的职能，唐朝时“钱帛兼行”，说明这时金属铸币仍然没有完全取代实物货币。秦始皇统一货币，西汉武帝铸五铢钱，既是第一个商业高潮的现实需要，同时也推动了第二次商业高潮的持续发展。第二次高潮的唐宋时期，出现了飞钱这种最早的汇兑业，出现了柜房这种最早的金融贮存、保管业和金融信贷业，宋朝开始出现纸币，正是商业发展对货币形式和职能发展变化产生的促进作用使然，同时，又反过来促进了商业的进一步大发展。明清时期，出现的钱庄、票号等，使得金融信贷业成为商业的重要组成部分，此外，典质行业的兴起，都是商业深化发展的重要表现。商品能够顺畅流通，商路的畅通是很重要甚至是很关键的。在战国秦汉时期，史书有关于商品流通的记述，但其实商业发展仍然受到交通工具、交通道路的限制。秦统一后修驰道，汉初“开关梁”，隋朝开凿大运河，唐朝完善驿传制度，说明交通运输对商品流通、商业繁荣的重要性。经济重心的南移，南方纵横交错、四通八达的水路交通网络以及沿海城市的地理优势，发挥了重要作用。《唐语林》卷八云：“凡东南郡邑，无不通水，故天下货利舟楫居多。”[1] 城市布局、人口流向，尤其是对外贸易重心由西北向东南沿海的转移，更是中国商贸史上的重大变化。对外贸易（陆路与海上丝绸之路、朝贡等）、边境贸易（榷

[1]〔宋〕王谠撰，周勋初校证：《唐语林校证》，中华书局，1987 年，第 726 页。

场等）和民族地区贸易的发展变化都与交通道路有直接关系。

中国传统社会对商业的限制始终存在，无法完全打破，如官府的导向及政策，如轻商、贱商、抑商，对商品交易和市场的限制，纸币没有能发展成为信用货币，征收不合理的高额商税，海禁，以及官商勾结等，都会对商业产生不利影响。商业只能是在限制与突破过程中不断寻求发展。

二、区域性商品市场的形成与发展

（一）四级市场及其他

中国古代社会经济虽然具有浓郁的自然经济色彩，但交换是经常发生的，《荀子·王制篇》描述了战国时期全国商品流通的情况："北海则有走马、吠犬焉，然而中国得而畜使之；南海则有羽翮、齿革、曾青、丹干焉，然而中国得而财之；东海则有紫紶、鱼、盐焉，然而中国得而衣食之；西海则有皮革、文旄焉，然而中国得而用之。故泽人足乎木，山人足乎鱼，农夫不斫削不陶冶而足械用，工贾不耕田而足菽粟。"[1]总的

[1]《荀子集解》卷五《王制篇第九》，第 161 页。

趋势是从产品交换向商品交换发展，出现了三次商品经济发展的高潮，商品市场在三次浪潮中不断发展和逐渐成熟。

中国古代社会的市场基本是从三级向四级发展的市场体系。第一级是地方性的小市场，以农村不定期集市为主，很大程度上具有产品交换的性质，“氓之蚩蚩,抱布贸丝”[1],再如史籍记载的“草市”“墟市”等；第二级是以地方城市为中心形成的区域性市场，商品集散和经营以城市为中心展开；第三级是以都城和经济发达地区中心城市为主形成的更大区域性市场；第四级是在形成全国性商业网络后的具有全国性意义的市场。

《史记》中提到这时出现的六大具有明显较强经济职能的城市，即长安、洛阳、南阳（宛）、邯郸、燕、成都，正好覆盖了当时经济较为发达的主要地区。长安由于是都城所在地，具有覆盖、沟通全国市场以及宏观调控对外贸易的经济职能，同时也是关中地区的经济中心城市（与经济职能为主的城市尚有重大区

---

[1] 〔清〕方玉润撰:《诗经原始》卷四《国风四 · 卫 · 氓》，中华书局，1986 年，第 179 页。

别），正可谓“四方辐凑”之地。洛阳，具有全国意义，亦属河南及周边地区的中心城市，因其地理位置及经济发达的优势，往往与长安形成东西并峙、互相呼应的全国政治、经济中心。其他如南阳（宛）、邯郸、燕、成都等都是地区性的中心城市。汉武帝在上述六大城市设均输官，正是缘于它们在经济和商品物资流通中举足轻重的地位以及覆盖全国或地区性市场的作用。但上述城市仍属于以政治军事职能为主要特征的传统城市，带有封闭性，逐渐严格的市制以及商业活动往往在城圈之外，即关厢一带进行，如汉长安七市、九市，其中大部分都在主要城圈外，这种状况无疑给商业经营的广度和深度带来不利影响。

中国古代社会的多层次性商品市场具有以下特点：其一，形成大约在唐代后期到北宋，包括地区中心城市和运河沿线、沿海港口、经济发达的江南地区普遍兴起的经济型城镇；其二，三级市场关系紧密，有的没有清晰的边界，市场等级和覆盖区域也会因政治、经济等原因发生变动；其三，商品结构的变化对区域性商品市场形成的促进作用日益凸显，中心城市和港口城市也是民族贸易和对外贸易的主要市场；其四，农业和手工业商品生产的区域专业化，形成了若干以地区商品特色为主的专业化市场，如陕西、四川的马市，浙江、江苏、江西、福建的粮食市场（米市），东南沿海和长江港口城市如扬州、鄂州、泉州等的造船业，对外贸易如广州的番市等。在经济重心南移后，南方地区的区域性市场更具有专业化的趋向，并且形成几个大的经济区域，而五代十国时期南方政权的建立与存续，基本都是以各大经济区为依托的。

（二）商品经济发展的第二高峰期的特征

从北朝后期开始的6—13世纪即隋唐五代两宋时期，中国经济出现了商品经济发展的第二个高峰时期。土地所有制从北朝到唐代初期实行的均田制，即国有私有混合型的土地制度逐渐转向允许乃至放任土地买卖的纯私有制。两宋"田制不立，甽亩转易"[1]"千年田

[1]〔元〕马端临撰：《文献通考》卷四《田赋考四 · 历代田赋之制》，中华书局，2011年，第97页。

换八百主”[1]，正是土地所有权转换频繁、农民身份也有了相当自由的写照。土地所有制转换引起的重要变化是，租佃制经济逐渐占据主导地位，土地私有化的程度逐渐加深，商品经济更深地渗入农村，手工业产品的商品化程度比农产品更为显著，品种扩大，工艺水平高度发展，分工程度提高，内部管理和技术水平提高。

农业区域向南方的扩展及重心的南移、东南移（包括农业和手工业）。《史记》云：“故关中之地，于天下三分之一，而人众不过什三，然量其富，什居其六。”[2]但到唐代，已经是关中地狭，所出不足以供所需了[3]。“苏湖熟，天下足”[4]的民谚，足以表明江南农业经济的高度发展。

城市商业进一步繁荣，在一些经济发达的城市里，

---

[1] 〔宋〕道原著，顾宏义译注：《景德传灯录译注》，上海书店出版社，2010年，第762页。

[2] 《史记》卷一二九《货殖列传》，第3930—3931页。

[3] 〔宋〕欧阳修、宋祁等撰：《新唐书》卷五三《食货志三》载：“唐都长安，而关中号称沃野。然其土地狭所出不足以给京师备水旱故常转漕东南之粟。”（中华书局，1975年，第1365页）

[4] 〔宋〕叶绍翁撰：《四朝闻见录》乙集《函韩首》，中华书局，1989年，第75页。

有别于欧洲的市民阶层开始形成，并开展了各种形式的维权斗争。南方经济发展超过北方，国家对经济的管理和控制逐渐松弛，完成了经济重心自西北向东南长江流域的转移，经济重心与政治重心开始分离。城市的发展具有代表性的是扬州和益州，扬州位于长江下游，益州位于长江上游，成为当时最繁荣的两个大都市。这时期的城市化进程明显加速，为与近现代出现的工业化过程中的城市化相区别，我们可称之为“古典城市化”，其明显特征有：一是城市的普遍发展；二是人口向都城和地区中心城市集中的趋势；三是城市商业和文化的繁荣；四是市民阶层的逐渐形成；五是城市布局与管理制度出现新的变化，即从封闭走向开放。城市化程度提高，与城市发展相关的配套行业如修理业、服务业、餐饮业、环境卫生、消防等行业蓬勃发展。各种日用品“无远弗届”，市场提供的可进行交易的种类大大增加。“百里不贩樵，千里不贩籴”[1]的旧有格局已经被打破。唐朝中后期，财政税收的结构和比重也发生变化，主要有：一是流通税的权重——

[1]《史记》卷一二九《货殖列传》，第3930—3931页。

如交易税、工商税、盐、酒、茶以及其他经济作物的税所占比例增加——税额明显增加，后来专门为对外贸易设置海关税（此前唐代已经设立市舶司，也对外来商业船舶征收落地税和交易税）；二是随着城市人口的膨胀、城市商业和经济的繁荣，加大了对城市征税的力度，专门制定了针对城市居民和城市经济的税收，如房地产税、经营税等，在户籍管理制度上也从此前的城乡一体化改为城乡分治，分为乡村户和坊郭户。城市居民的财产比重已经发生变化，或者说财产积累和扩张的来源已经不同于乡村。

与战国秦汉时期形成的第一个高峰期相比，这一时期商品经济开始冲破地区樊篱，向全国性的大市场网络体系迈进（当然，这一过程仍然是漫长的），中原王朝与周边地区以及更大范围的国际性的商贸往来的经常化，不仅有量的显著增长，在很大程度上也有了质的变化，即商品经济的发展已经逐步深化，商品结构中的第一部分（即消费资料和生产资料）商品的交换日益成为国内商品交换的大宗（如粮食、瓷器、纺织品等），在国际贸易上也逐渐占据越来越重要的地位；官府垄断的盐、铁在一定程度和某些环节上由产品交换逐渐向商品交换转化（如榷盐，放宽了对民间边境贸易的限制，而边境贸易中铁器的出口占了很大的比重），增加了商品的流通量，加大了日用品在商品交换中的数量；以茶为代表的经济作物成为国内和出口商品交换中的大宗，虽然不能从整体上改变农业的生产结构，但必然使农业与市场的联系更为密切，农业商品化与近代社会的接轨正是以经济作物为突破口的。

商业资本和高利贷资本流入生产领域，加速了生产者和经营者的分化，加速了土地的流转，即所有权的流转，也加速了财富的转移，唐人刘禹锡的“旧时王谢堂前燕，飞入寻常百姓家”[1]著名诗句，一是感叹曾显赫一时的门阀士族的辉煌不再，二是感叹贫富无定势的时代变迁。社会结构和财富流散在这一时期都发生了重大变化。

“田制不立”在先，才有“兼并不抑”在后，并由此带动了整个社会阶层的变化。科举制的产生和确立，最终成为占主导地位的选官制度；门阀士族的衰落及

[1] 〔唐〕刘禹锡:《乌衣巷》,〔清〕彭定求等编:《全唐诗》卷三六五，中华书局，1960 年，第 4117 页。

最终退出历史舞台；租佃制的发展，雇佣劳动从民间走向官府（普遍化）。这些都是建立在土地自由化程度加深的基础之上的，贵贱、贫富观念的变化亦是由此而衍生的。

唐人所撰《独异志》记录一段唐玄宗与长安富商王元宝的对话，玄宗问王元宝拥有多少家财，元宝回答，“臣请以绢一匹系陛下南山树，南山树尽，臣绢未穷”，于是玄宗感慨道“朕天下之贵，元宝天下之富”，并由此得出“富可敌贵”[1]的结论。

宋代的“贫不必不富，贱不必不贵”，“千年田换八百主”，“贫富无定势，田宅无定主”，“田制不立，畎亩转易”，既表明了社会阶层变动、财富转移的频繁，也表现了这种变动对人们思想观念的巨大冲击。

这时期，国税征收主体和内容也发生变化，对人身的征发更多地采用转化形式，如庸和雇。唐代中叶以后，以丁身为主要征取对象的租庸调制转成了以土地财产为征税主体的两税法。

---

[1] 〔宋〕李昉等编：《太平广记》卷四九五《邹凤炽》，中华书局，1961 年，第 4063 页。

（三）商业的主要成就

古代中国商业发展成就主要体现在五个方面：一是各级市场的不断培育和发展，形成从农村集市到具有全国性意义水陆联运的市场网络。随着新商路的开辟、长途贩运的发展，全国性的市场网络有了长足的发展，如清代前期形成的分布在全国东南西北的四个市场中心，时人称为“四大聚”，即“北则京师，南则佛山，东则苏州，西则汉口”。二是农业和手工业的商品化程度不断深化，农业出现多种经营，出现专门化生产，很多手工业也已经从农业中分离出来，投入市场的农产品和手工业产品种类增多，商品流通的范围逐渐扩大。三是商人集团的活跃和商业资本的积累，形成以地域为中心的商帮，商业行会组织的发展逐渐成熟，商业利润不断提高，商税（包括对进出口商品征税）在国家财政税收中的比重不断加大。随着商业的发展，商品经济的繁荣，作为最早使用货币的国家，中国的货币形态及商业信用也不断完善。四是商业的发展，新兴工商业城镇的兴起，尤其是运河沿线，沿海地区，水陆交汇处，经济发达地区，形成很多具有专业特征的商业市镇。五是民族贸易与对外贸易的发展，促进了古代各民族的交流，增强了民族凝聚力，边贸地区也往往成为对外经济交往的中介。古代中国在很长时间里都处于亚洲经济的领先地位，一直到唐代中期都主导着对外经济贸易。有学者将以中国为中心、以朝贡方式开展的政治经济交往，称为纳贡或朝贡体系。唐代中叶以前以陆路丝绸之路为主，宋代以后随着海上丝绸之路的兴盛，新商路的开辟，河运、海运、陆路交织成的商业运输道路网络的发展，对外贸易和民族贸易更为活跃。据记载，1602—1682 年（明末清初），中国出口到欧洲的仅瓷器一项就达 1600 万件。[1] 通过朝贡这种形式与周边地区乃至东南亚、东北亚、中亚和西北亚以及南亚的印度建立起一种贸易网络的关系，也联结着毗邻的贸易区，如印度、伊斯兰地区和欧洲。一直延续到清朝，朝贡贸易仍然发挥着对外经济交往的重要职能。

---

[1] 陈万里：《宋末—清初中国对外贸易中的瓷器》，《文物》1963 年第 1 期。

三、工商业者与市民争取话语权的努力

工商业者与市民争取话语权的努力是商品经济发展、商人地位上升的重要表现。

所谓“罢市”，主要表现在工商业者采取集体行动非正常地终止商业交易活动[1]。除了经济利益受到损害，罢市往往还因政治或社会因素所导致，但又通过经济手段而表现意志或意愿的行为。唐朝中叶以后，

[1] 中国古代还有一种自上而下的举措——“徙市”，即官府为某种目的而下令暂时停止市场交易活动，但如有临时紧急需要，则可在坊里进行交易，称之为“巷市”。也有徙市于“野”的说法。“徙市”的原因：1. 丧礼的一种，“天子崩巷市七日，诸侯薨巷市三日，为之徙市”（〔清〕孙希旦撰：《礼记集解》卷十一《檀弓下》，中华书局，1989 年，第 307 页）；2. 天象异常（往往与彗星的变化有关）；3. 自然灾害发生（主要是旱灾，属于救旱的方法之一）；4. 火灾等。“徙市”与“罢市”虽然都是停止正常的市场交易行为，但性质显然不同。

商品经济的发展，促使市民阶层[1]逐渐形成，不断壮大，有关“罢市”的记载逐渐增加，从最初的表达意愿转向更多是为维护权益、争取话语权的有组织的举动，唐朝应该是关键的转变时期。官府的抑制、剥夺等政策和措施激起了他们的群体性抗争，从“罢市”这类非暴力抗争，演变成大规模的民变，往往采取群众性的非武装暴力活动。这一历史过程是商人、市人以及

[1] 对中国市民阶层何时形成虽有不同说法，但都不大明确，比较普遍的看法是在宋元以后特别是明清时期普遍兴起。唐宋时期应该是市民阶层的萌芽和形成时期。“市民”成为包括工商业者在内的城市居民的统称或泛称，应该是唐朝中叶形成的。“市人”这种称谓，早就出现在各种史籍中，并且延续了很长时间，一直到明清仍在沿用。在拙文《从士人社会到市民社会》(《文史哲》2009 年第 6 期)中有比较详细的论述，本书凡用“市民”的地方，就不再强调其时间性了。关于中国古代市民研究概况，参见吴铮强《中国古代市民史研究述评》(《云南社会科学》2003 年第 1 期)有比较系统的综理。徐勇《古代市民政治文化的独特性与局限性分析》(《江汉论坛》1991 年第 8 期)、伊永文《宋代市民生活》(中国社会出版社 1999 年)、冯尔康《中国社会结构的演变》(河南人民出版社，1994 年)、王曾瑜《宋朝阶级结构》(河北教育出版社，1996 年)等都涉及了市民的问题。郭正忠在《唐宋时期城市的居民结构》一文中认为：市民仅仅是“坊郭户”中的一部分，“他们的社会成分或职业构成，纯为工商业者，至少绝大多数是工商业者，而不包括工商业者之外的其他城居人口——如官绅军吏之家”(《史学月刊》1986 年第 2 期)。其说可以商榷，市民绝大多数是工商业者，或主体成员是工商业者，应该比较妥当。

后来形成的市民阶层在维护经济权益中自我意识崛起的表现，也是他们争取更大程度的话语权的体现。因此，本章将重点讨论唐朝出现的“罢市”问题。

中国历史上的商人（市人），自秦朝建立统一的专制主义中央集权以后，拥有的自主话语权是非常有限的，即使是桑弘羊这样的大商人出身而执掌财政，出任汉武帝朝的大司农，也并非代表商人群体的利益说话和行事。抑商、限商、轻商、贱商的种种政策和措施不仅直接影响了商品经济的发展，也使商人的社会地位与政治地位长期徘徊不升。不过商人群体并没有沉默不语，而是通过各种方式表达自己意愿以达到维护自身权益的目的，“罢市”正是市（人）民争取话语权的重要方式。

（一）“罢市”：民意的伸展与价值判断

唐朝以前，由于官方规定的商品交易活动被限制在“市”区，因此商人又被称为“市人”。此外，市人也包括在市区内从事手工业生产和销售的亦工亦商的工商业者。工商业者的罢市行为很早就出现了，不过，引起“罢市”的缘由早期很多却与经济权益受损并无直接关系。

《管子》中，已经有关于“罢市”的记载，“(齐)桓公曰:‘五衢之民衰然多衣弊而履穿，寡人欲使帛布丝纩之贾贱，为之有道乎？’管子曰:‘请以令沐途旁之树枝，使无尺寸之阴。’桓公曰:‘诺。’行令未能一岁，五衢之民皆多衣帛完履。桓公召管子而问曰:‘此其何故也？’管子对曰:‘途旁之树未沐之时，五衢之民，男女相好往来之市者，罢市，相睹树下，谈语终日不归。男女当壮，扶辇推舆，相睹树下，戏笑超距，终日不归。父兄相睹树下，论议玄语，终日不归。是以田不发，五谷不播，麻桑不种，玺缕不治。内严一家而三不归，则帛布丝纩之贾安得不贵？’桓公曰:‘善。’”[1]。《管子》中提到的“罢市”，显然指的是放弃经营与交易活动而沉迷于享乐的行为，与本文准备探讨的主题似乎无涉。但是，也说明，“罢市”举动会严重影响社会的正常生活和商品经济的发展。后世，对这类的“罢市”有更多的记述，如唐咸通年间(公元860—874年)，

[1] 黎翔凤撰，梁运华整理:《管子校注》卷二四《轻重丁·菁茅谋》，中华书局，2004年，第1497页。

懿宗为爱女同昌公主送葬，场面奢华，声势浩大，“京城士庶，罢市奔看，汗流相属，惟恐居后”[1]。南宋理宗景定年间（公元 1260—1264 年），周汉国公主得旨，偕驸马都尉杨镇游览杭州西湖，泛舟湖上，“倾城纵观，都人为之罢市”[2]。这里的“罢市”，目的是看热闹，商人和市民都顾不上做买卖了，其实是为了烘托一种盛大、热闹的场面。

由于“罢市”上升到一种代表民意的价值判断，于是当时很流行的墓志铭、神道碑、祭文、行状等文章中常常用“罢市”一词表达传主受民众爱戴的程度。如张九龄《为吏部侍郎祭故人文》[3]、李邕《左羽林大将军臧公神道碑》[4]、王勃《常州刺史平原郡开国公

[1] 〔唐〕苏鹗：《杜阳杂编》卷下，《唐五代笔记小说大观》，上海古籍出版社，2000 年，第 1394—1395 页。

[2] 〔元〕周密辑：《武林旧事》卷三《西湖游幸》，《丛书集成初编》第 3217 册，中华书局，1991 年，第 49 页。

[3] 〔唐〕张九龄撰：《曲江集》卷一七《为吏部侍郎祭故人文》，上海古籍出版社，1992 年，第 136 页。

[4] 〔唐〕李邕撰：《李北海集》卷五《左羽林大将军臧公神道碑》，上海古籍出版社，1992 年，第 35 页。

行状》[1]、独孤及《福州都督府新学碑铭并序》[2]、杜黄裳《东都留守顾公神道碑》[3]等，都用“罢市”来歌颂传主。这里用“罢市”作为修饰用语，只是表达一种“民意”，市民是否真的对传主的离世表示惋惜悲痛，是否有“罢市”之举倒是其次了。我们并没有见到史书上对上述文章中的“罢市”有专门记载。《旧唐书》上出现了唯一一次“罢市”的记载，是市民为经济利益受损而举行的“罢市”[4]。《全唐文》中，共计出现22次“罢市”的词语，有21条是使用在为已离世人撰写的神道碑、墓志铭、行状等中。

唐人的诗歌亦如是。岑参作《故仆射裴公挽歌三首之一》：

盛德资邦杰，嘉谟作世程。门瞻驷马贵，时

[1] 〔唐〕王勃撰，〔清〕蒋清翊注：《王子安集注》卷二〇《常州刺史平原郡开国公行状》，上海古籍出版社，1995年，第593页。

[2] 〔唐〕独孤及：《福州都督府新学碑铭》，〔清〕董诰等编：《全唐文》卷三九〇，中华书局，1983年，第3964页。

[3] 〔宋〕李昉等编：《文苑英华》卷九一八，中华书局，1966年，第4833页。

[4] 〔后晋〕刘昫等撰：《旧唐书》卷一三五《卢杞传》，中华书局，1975年，第3715页。

仰八龙名。

罢市秦人送，还乡绛老迎。莫埋丞相印，留着付玄成。[1]

挽歌是为裴冕而作。

雍陶的《哭饶州吴谏议使君》：

忽闻身谢满朝惊，俄感鄱阳罢市情。[2]

诗中描述的“罢市”场景，我们同样在史书中没有见到相应的记载。从确有其事的行为到被使用为溢美褒扬的修饰词语，说明市民（人）的价值取向和好恶具有广泛性，他们的向背和价值认同已经越来越受到统治者和社会的重视。

（二）表达政治取向与维护经济权益的方式

唐朝以前，记载市人通过集体“罢市”的行为表

[1] 《全唐诗》卷二〇〇，第2093页。

[2] 《全唐诗》卷五一八，第5919页。

达某种意愿，与经济利益有关的很少，比较常见的是集体表达某种价值判断和政治取向。目前见到比较早的是西晋的一条材料。据《晋书》记载，西晋羊祜，正直忠贞，嫉恶如仇，刚正清廉，“南州[1]人征市日闻祜丧，莫不号恸，罢市，巷哭者声相接”[2]。这是用停止正常的交易活动方式，市民集体表示对他离世的哀悼悲痛之情。而之所以悲痛，似乎没有记载他给市民谋取了什么利益，只是因为他疾恶如仇，刚正廉洁，因此，罢市表达的应该是一种价值的判断。东魏元悰“以兴和四年（公元542年）十一月廿日薨。工女停机，商人罢市，设祭满道，制服成群”[3]。唐朝史书中，为表示对去世某人的哀悼而举行“罢市”的记载更多了。唐朝陈州人赵珝，世为忠武军牙将，昭宗（公元888—904年）朝官至检校太傅、右金吾卫上将军，因病去世，“陈人为罢市”[4]。与这种自然死亡而引起的“罢

[1] 西晋南州，治南川，今四川綦江。

[2] 〔唐〕房玄龄等撰：《晋书》卷三四《列传第四·羊祜》，中华书局，1974年，第1021页。

[3] 赵超：《汉魏南北朝墓志汇编》东魏《王讳悰（元悰）墓志》，天津古籍出版社，1992年，第353页。

[4] 《新唐书》卷一八九《赵犨传附子赵珝传》，第5475页。

市”相比，非正常死亡采取的“罢市”行为，往往更带有政治倾向性。唐末，盘踞四川的王建因忌山南西道节度使王宗涤“有勇略，得众心”，于是，命亲随“缢杀之”，“成都为之罢市，连营涕泣，如丧亲戚”[1]。这是用“罢市”来表示不满与愤懑之情。

唐朝后期，市民阶层[2]逐渐形成，他们与官府的矛盾也日益接触到核心问题——经济权益，集体罢市就成为他们维护经济权益的主要方式。

唐德宗时（公元 779—805 年），朱滔、王武俊、田悦叛乱，朝廷连年用兵，财政窘迫，掌理财政的官员“以为泉货所聚,在于富商”[3],于是决定通过借富商钱以充军费，约定罢兵后还钱。京兆少尹韦桢、长安丞薛萃，“搜督甚峻，民有不胜其冤自经者，家若被盗”，但不想远没有达到预定征敛的数额，就“又取僦匮纳质钱及粟麦粜于市者，四取其一”[4]。于是市民不得不采取行动保护自己的权益，一是全城“罢市”，二

[1] 〔宋〕司马光撰,〔宋〕胡三省注:《资治通鉴》卷二六三“唐昭宗天复二年”条，中华书局，1956 年，第 8580 页。

[2] 《资治通鉴》卷二六三“唐昭宗天复二年”条，第 8580 页。

[3] 《旧唐书》卷一三五《卢杞传》，第 3715 页。

[4] 《新唐书》卷五二《食货二》，第 1359 页。

是成千数万人相率遮宰相卢杞马“哭诉”，迫使德宗停止征收。由于“宿师在野，日须供馈”[1]。不久，又有户部侍郎判度支赵赞请税间架、算除陌[2]，主要被征敛的对象仍然是城市居民和工商业者，“怨黩之声嚣然满于天下”。没过几个月，发生泾原兵变，叛军进入长安，竟然在市区对狼狈奔窜的市民喊话曰“不夺汝商户僦质矣！不税汝间架除陌矣”[3]，足见民怨之深，这显然是直接指向官府与市民群体矛盾的核心问题。

唐朝普通市民表达意愿的方式，不仅限于“罢市”，史书上还记载了他们采用过“拦邀诉求”、聚众喧嚣、“街议汹汹”、街中传呼、匿名榜贴、集体“巷哭”、“率钱雇百戏”、街衢诟骂、投掷瓦砾等衍生方式。

例如，唐懿宗（公元859—873年在位）因爱女同昌公主病逝而迁怒于医官，宗族枝蔓三百人收于牢狱，宰相刘瞻因进谏获谴贬黜远州，后量移入朝，史载：“瞻之贬也，人无贤愚，莫不痛惜。及其还也，长安两市

[1] 《旧唐书》卷一三五《卢杞传》，第3715页。

[2] 《旧唐书》卷一三五《卢杞传》，第3715页。

[3] 《旧唐书》卷一三五《卢杞传》，第3715页。

人率钱雇百戏迎之”[1]。虽然没有采取“罢市”举措，却用各商家集资“雇百戏”方式，明确表达了市人的好恶。再如，五代后晋，东京（开封）市民对投降契丹的杜重威，极为不齿，再加上他曾重敛百姓，税外加赋，“既至东京，驻晋军于陈桥，士伍饥冻，不胜其苦。重威每出入衢路，为市民所诟，俯首而已”[2]。还可以举任延皓的遭遇为例，他因“业数术风云之事”而得宠于后晋高祖（公元936—944年在位），曾在交城文水令任上聚敛财贿，因其诬告，文水县十数族被诛。晋高祖驾崩后，任延皓获罪配流麟州，“路由文水，市民掷瓦殴骂甚众，吏人救之仅免”[3]。

不可避免，市民也有被利用的时候。唐末，昭宗曾与朝臣谋划除掉盘踞陇右的李茂贞，李茂贞遂“使其党纠合市人数百千人”，先后拦住观军容使西门君

[1] 《资治通鉴》卷二五二“唐僖宗乾符元年”条，第8170页。又，“考异曰：《玉泉子·见闻录》曰：初，瞻南迁，无问贤不肖，一口皆为之痛惜。殆将至京，东西市豪侠共率泉帛，募集百戏，将逆于城外。瞻知之，差其期而易路焉。”

[2] 〔宋〕薛居正等撰：《旧五代史》卷一〇九《杜重威传》，中华书局，1976年，第1435页。

[3] 《旧五代史》卷一〇八《任延皓传》，第1431页。

遂马和入朝宰相崔昭纬、郑延昌肩舆，力求彰显“民意”，阻止朝廷发兵，并且采取“乱投瓦石”的过激行为，迫使二宰相仓皇逃匿民家避祸，狼狈得连堂印和朝服都丢失了。[1]

宋朝以后，随着城市与商品经济的发展，市民阶层继续成长，他们也越来越多地用“罢市”方式表达意愿，维护权益。仅举几例：北宋徽宗朝（1100—1125 年），童贯宣抚陕西，当时长安物价踊贵，童贯有心抑制物价，负责财经的官员曲意逢迎，规定市场物价一律降低 40%，违者重罚。商人被迫以罢市加以抵制。[2] 金宣宗贞祐三年（1215 年），因军费开支庞大，纸币“交钞”不断贬值，官府实行限价措施，商人为之罢市。金宣宗元光年间（1222—1223 年），因钞法紊乱，屡次更改，银贵钞跌，民间交易多用银，官府于是规定买卖在银三两以下只许用钞，不准用银；三两以上，三分之一用银，其余用纸币，导致“市肆昼

[1] 《资治通鉴》卷二五九“唐昭宗景福二年”条，第 8447 页。

[2] 〔元〕脱脱等撰：《宋史》卷三一七《钱惟演传》，中华书局，1975 年，第 10 351 页。

闭，商旅不行”[1]。元朝至元十七年（1280 年），以讨伐盗匪为名，江州宣课司“税及民米”，于是米商“避去”，民皆“闭门罢市”[2]。清朝，有些地方官在离任或“蒙冤”被劾时，民众往往借保留为名，“鸣锣聚众，擅行罢市”[3]。

（三）官府的应对与对策

历朝应对影响到社会稳定“罢市”的对策大概有以下几种方式：

一是听之任之，回避矛盾。唐宋时期，市民群体很活跃，“罢市”及衍生举动往往能影响到政府的决策或起到调整措施的效果。法典中，也没有对“罢市”行为的具体惩治条文和举措。事态激化时，“罢市”的

[1] 〔元〕脱脱等撰：《金史》卷四八《食货三》，中华书局，1975 年，第 1089—1090 页。

[2] 〔明〕宋濂等撰：《元史》卷一六二《史弼传》，中华书局，1976 年，第 3801 页。

[3] 《皇朝文献通考》卷一九七《刑考三・严地方士民保留离任官员之禁奉》，文渊阁四库全书本第 636 册，台湾商务印书馆，1984 年，第 524 页。

衍生产品“拦邀诉求”、聚众喧嚣、“街议汹汹”、街中传呼、匿名榜贴、集体“巷哭”、“率钱雇百戏”、街衢诟骂、投掷瓦砾等，往往成为市民自己开辟的民意表达和民情宣泄的渠道，在一定程度上起到缓解压力的作用，也会在某种程度上影响政府的政策和措施。但在民情失控的状况下，有可能引发具有一定规模的社会动乱，也有可能被居心叵测者所操控，或酿成暴乱。其实，被迫“罢市”及衍生举动也损害了工商业者的经济利益，影响到市民的正常生活，同时也影响了社会的稳定和朝廷的统治。

二是禁止、严惩。唐朝的法典中，我们没有看到针对“罢市”行为的律条，不过，《唐律疏议》卷二七《杂律》有这样的条文：“诸在市人及人众中，故相惊动，令扰乱者，杖八十；以故杀伤人者，减故杀伤一等；因失财物者，坐赃论。其误惊杀伤人者，从过失法。”[4]应该是针对在公共场所闹事惊扰者的律文。清朝则正式将“罢市”及衍生举动列入法律禁止的条文中，据《大清会典则例》载：雍正二年（1724年）“议准地方，

[4] 刘俊文撰：《唐律疏议笺解》卷二七《杂律》，中华书局，1996年，第1875页。

如有借事聚众、罢市、罢考、殴官等事”，都要严惩，否则有关官吏并以“溺职例革职”[1]。清朝政府严禁地方民众借“罢市”等方式对朝廷任免贬黜施加压力，否则“加倍治罪”[2]。按《大清律例》,对“纠众罢市辱官者”,“俱照光棍例治罪”[3]。由此可以推知,“罢市”与它的衍生产品已经到了愈演愈烈的程度，政府与市场、政府与市民的矛盾已经纳入刑事案件的范围了，明令严惩不贷，不再听之任之了。虽然也有缓解、疏导的举措，但往往多采取回避矛盾的做法，甚至手足无措，于是严禁、严惩成为统治者治理“罢市”的主要手段。从回避、疏导演变为严禁、严惩,政府应对政策的变化,也从一个侧面反映了中国市民社会在成长进程中必然遇到的障碍。

工商业者和普通市民在城市人口结构中的比重不断加大，经济实力不断增长，社会生活中的影响和作

[1] 《大清会典则例》卷二七《吏部·考功清吏司》，文渊阁四库全书本第 620 册，台湾商务印书馆，1984 年，第 54 页。

[2] 《皇朝文献通考》卷一九七《刑考三·严地方士民保留离任官员之禁奉》，第 524 页。

[3] 马建石等主编:《大清律例通考校注》卷二四《刑律·盗贼中》，中国政法大学出版社，1992 年，第 77 页。

用也在不断加强，政府颁发和施行的很多政策和举措直接关系到他们共同的经济利益或影响到他们的生活甚至生存，无奈之下的“罢市”，就是一种有形、主动的利益诉求方式。争取能在更大限度上自由表达意愿，争取话语权和参与权的力度和意识增强，更积极参与城市社会建设，影响政府政策、决策，表明了市民阶层的逐渐形成和崛起。

如果说，唐朝的“罢市”还是偶然的现象，明朝大中城市屡屡发生以手工业者、中小商人、城市贫民为主体的城市居民为自身利益公开持续抗争的活动，则是社会转型期，官府与市民、商人与工匠矛盾激化的表现。如明神宗万历年间(1573—1620年)爆发的一系列反抗矿监矿使的斗争，酿成全国性的民变。明清两朝手工工匠的“齐行叫歇”，则是“商匠冲突”中，弱势一方——工匠群体，有组织的抗争运动。不仅矛盾和冲突的主体发生了变化，还具有了行业特点。

随着城市社会经济的发展、市民力量的成长，商业、手工业行会组织的规模化，“罢市”活动的频繁与激烈反映出市民为了争取话语权，在控制与反控制中，从无序无组织的抗争向有组织转化，从无固定利益群体向形成相关利益群体转化的历史趋势。

同时，从“罢市”到“罢工”，愈演愈烈的市民抗争举动表明原有的社会调节功能其实已经滞后，城市管理体制的很多方面已经不适应城市发展和商品经济发展的需要，如何走出回避、严禁和镇压的困境，如何应对商人利益诉求是传统社会的政府面临的难题。

四、内廷如何开启市场之门

商品经济的发展和商业的发展必然引起体制和结构性的变化，本章将深入“大内”系统探讨市场对皇室供应体制的影响。

“宫市”，是指专为内廷采购的行为。也是“大内”与市场联系的途径。

“宫市”一词始于唐朝，专指内廷日常所需派专人主持，到京城市场上直接采购。德宗（公元779—805年在位）朝，因负责采买的宦官肆意压价、强取豪夺，严重扰乱市场，屡受抨击。但“宫市”源于何时、起于何职及其间变化，没有详细记载，后人著述时往往以讹传讹。20世纪80年代以来有涉论“宫市”文章数篇[1]，但仍有未解之事。今人在梳理内诸司使时，都未涉及“宫市使”[2]。有史载顺宗（公元 805—806 年在位）即位罢“宫市”。那么，“宫市”是否结束于顺宗，“宫市”的出现和变化的原因是什么？“宫市”为弊甚深是否可以只用简单的人为因素来解释？是否可以从更深刻的体制方面的因素考虑呢？

由于“宫市”不仅仅是一般的采购行为，还关系到政府财政体制转换过程中，内廷供送制是如何过渡到供送与采购并举、采购份额逐渐加大的问题，因此有必要澄清有关的基本史实。

---

[1] 近年专门研究“宫市”的论文有：龚昭民《唐代的“宫市”》(《中学历史教学》1987 年第 1 期)、张艳云《唐代“宫市”考》(《陕西师范大学学报》1989 年第 3 期)、元峻《宫市的另一种含义——读两唐书偶记》(《平准学刊》4（下），光明日报出版社，1989 年)、岳纯之《唐代宫市略说》(《文献》1992 年第 1 期)、李东《唐代“宫市”之补正》(《安徽史学》1986 年第 3 期)。

[2] 略举其要，唐长孺《唐代内诸司使及其演变》(《山居存稿》，中华书局，1989 年)、唐长孺《唐代的内诸司使》(《魏晋南北朝隋唐史资料》第 5、6 辑，武汉大学出版社，1983 年、1984 年)、贾艳红《试谈唐中后期的内诸司使》(《齐鲁学刊》1997 年第 4 期)、杜文玉《唐代内诸司使考略》(《陕西师范大学学报》1999 年第 3 期)。赵雨乐《唐代内诸司使的构造》(《东洋史研究》第 50 期第 4 卷）涉及的内诸司使有三十多种，但未见“内中市买使”和“宫市使”。

（一）“宫市”缘起诸说析论

唐“宫市”缘起时间的判定，有开元说、天宝说、贞元说。按判定学者所处年代顺序，列举如下：

贞元说：唐人韩愈与《资治通鉴》作者持此说。

韩愈《顺宗实录》卷二载：“旧事，宫中有要市外物，令官吏主之，与人为市，随给其直。贞元末，以宦者为使，抑买人物，稍不如本估。末年，不复行文书，置白望数百人于两市并要闹坊，阅人所卖物，但称宫市，即敛手付与，真伪不复可辨，无敢问所从来。其论价之高下者，率用百钱物买人直数千钱物，仍索进奉门户并脚价钱。将物诣市，至有空手而归者。名为宫市，而实夺之。[1]”据是书，官吏主持宫中市买，是“旧事”，贞元末，才转由宦官主持直接到市场采购，因称“宫市”。但“旧事”起于何时，源自何职，是否已置使领之，官吏主知时是否已有“宫市”之称，不载。

《资治通鉴》卷二三五“贞元十三年（公元797年）”

[1] 〔唐〕韩愈撰：《顺宗实录》，《丛书集成初编》第383册，中华书局，1985年，第5页。

载:“先是，宫中市外间物令官吏主之，随给其直。比岁以宦者为使，谓之宫市，抑买人物稍不如本估。其后不复行文书，置白望数百人于两市及要闹坊曲，阅人所卖物，但称宫市，则敛手付与，真伪不复可辩，无敢问所从来。”[1]按，贞元共二十年，该书放在十三年叙述，又有“比岁”之判定，大致认定是在贞元中期，宦官充使，主持宫中采买，因称“宫市”。但“先是”所指时间上限不清。

天宝说：南宋人洪迈与陈寅恪先生持此说。

洪迈在其所撰《容斋续笔》卷一一《杨国忠诸使》条，云:“杨国忠为度支郎，领十五余使，至宰相凡领四十余使，第署一字不能尽，胥吏因是恣为奸欺。”[2]新旧唐史皆不详载其职。按其拜相制前衔，云:“御史大夫判度支、权知太府卿事、兼蜀郡长史、剑南节度、支度、营田等副大使、本道兼山南西道采访处置使、两京太府、司农出纳、监仓、祠祭、木炭、宫市、长春、九成宫等使、关内道及京畿采访处置使，拜右相兼吏

[1]《资治通鉴》卷二三五“贞元十三年十二月”条，第7579页。

[2]〔宋〕洪迈撰:《容斋随笔·容斋续笔》卷一一“杨国忠诸使”条，中华书局，2005年，第356页。

部尚书、集贤殿、崇文馆学士、修国史、太清、太微宫使，自余所领又有管当租庸铸钱等使。以是观之概可见矣。宫市之事，咸谓起于德宗贞元，不知天宝中已有此名，且用宰臣充使也。”[1] 据上，洪氏似认为“宫市”起于天宝时杨国忠以宰臣身份领使。但是书有前后矛盾之处：文中列举出杨国忠拜相前所充任的使职，已有“宫市使”，因此，是在杨国忠任相前后连任的使职之一，明显是使职随人走，而非固定由宰臣充使。

陈寅恪先生的《元白诗笺证稿》“卖炭翁”引《南部新书》载：“大历八年（公元 773 年）七月，晋州男子郇谟，以麻辫发，哭于东市。上闻。赐衣，馆于客省。每一字论一事，尤切于罢宫市”[2]；又引《旧唐书·代宗纪》：“(大历八年九月)癸未，晋州男子郇谟，以麻辫发，持竹筐及苇席，请进三十字。如不请旨，请裹尸于席筐。上召见，赐衣，馆之禁中。内二字曰监团。欲去诸道监军团练使也。”[3] 陈先生由此得出结论：“自天宝至大

---

[1] 〔宋〕宋敏求编：《唐大诏令集》卷四五《杨国忠右相制》，中华书局，2008 年，第 223 页。

[2] 陈寅恪：《元白诗笺证稿·卖炭翁》，上海古籍出版社，1978 年，第 251、248 页。

[3] 《旧唐书》卷一一《代宗本纪》，第 302 页。

历至贞元五六十年间，皆有宫市，而大历之际，乃至使郇谟哭市，则其为扰民之弊政，已与贞元时相似。”由于陈先生没有就“宫市”进一步展开考述，我们只能从上述有限的信息得知，首先他认为“宫市”起自天宝，但没有举出具体例证；其次他推定代宗大历年间，“宫市”扰民，已与贞元相似，“而宫市之弊害则由宦官所造成”[1]，应是认为代宗时代（公元 762—779 年）宦官已借“宫市”名义为害京城民间社会与市场。

开元说：20 世纪 80 年代末开始陆续有学者持此说。

唐人戴孚著《广异记》，书中云：“薛矜，开元中为长安尉，主知‘宫市’，迭日于东西二市。”[2] 这是目前所见“宫市”一词出现的最早年代。近年，一些学者注意到这条材料，并据此认为，“宫市”应起源于开元时期。

《广异记》原书不存，成书年代不详。戴孚其人，两《唐书》无传，《文苑英华》卷七三七顾况《戴氏〈广异记〉序》云：“至德初，天下肇乱，况始与同登乙科。

[1] 陈寅恪：《元白诗笺证稿 · 卖炭翁》，第 251、248 页。

[2] 《太平广记》卷三三一“薛矜”条引，第 2627 页。

君自校书终饶州录事参军，时年五十七。有文集二十卷。此书二十卷，用纸一千幅，盖十余万言，虽景命不融，而铿锵之韵固可以辅于神明矣。二子钺、雍，陈其先志，泣请父友，况得而叙之。”[1] 戴孚卒年不详，《太平广记》收录《广异记》一书 278 条，多为开元以后事，该书卷三〇五“王法智”条载，大历六年，戴孚在桐庐与左卫兵曹徐晃、龙泉令崔向、丹阳县丞李从训等人会见王法智，推知当时戴氏任职于此地。[2]《广异记》书中所记多为开元以后事，如参照戴氏阅历，推测成书应在开元以后。[3]

开元时，京城长安市场已经非常活跃，内廷日常食用品更多地通过市场采购是正常的，因此，《广异记》言长安尉主知“宫市”是可信的。但如何主知，以及凡为内廷采购是否已称“宫市”，并没有其他佐证，也未见有职称为“宫市”的专官，有可能是作者著述时沿用当时（开元以后）京城人对此行为的泛称，而非

[1] 《文苑英华》，第 3838—3839 页。

[2] 《太平广记》卷三三一“薛矜”条引，第 2627 页。

[3] 〔宋〕王应麟：《玉海》卷五七《艺文》载：“唐顾况有戴氏广异记序戴孚二十卷。”（大化书局，1977，第 2 册，第 1142 页）戴孚于至德初（至德共二年，756—757 年）登第初入仕，57 岁死于饶州录事参军任上。

开元时世人对采购内廷所需之称或官吏专任之称。

因此，“宫市”一词是否始于开元并无更有力的佐证，《广异记》仅能说明，开元时期，内廷日常食、用品须在京城市场采购的部分，由长安尉负责专知。

又，《新唐书》卷四六《百官一》云：“金部郎中、员外郎，各一人，掌天下库藏出纳、权衡度量之数，两京市互市、和市、宫市交易之事，百官、军镇、蕃客之赐，及给宫人、王妃、官奴婢衣服。”[1]据此，“宫市”事务似最早应由金部主持，但他书记载金部郎中职掌均不见有“宫市”一职。是不是将“官市”误传抄为“宫市”？没有其他佐证，无法判定。亦可能修史者以为金部掌管库藏出纳，“宫市”自然归其所掌？只能存疑。

综上，开元年间，为内廷供应所需直接到（主要是京城）市场采购任务，由京兆府（可能由长安尉主知）负责，但其时是否已称之为“宫市”，除《广异记》外，并无其他佐证；天宝时，杨国忠以使职掌领“宫市”，但其中原委仍需澄清；代宗时，“宫市”已引起民怨，“宫市”使职应已转至宦官掌领，但何人主知，

[1] 《新唐书》卷四六《百官一》，第1193页。《旧唐书》《唐六典》《通典》等书都没有金部掌“宫市”的记载。

所领何职，惜史无明文；德宗贞元时，已有明确记载“宫中有要市外物”不再循府县供送旧制，而以宦官为使，称“宫市”，因为害甚剧，成为受到朝野抨击最为猛烈的弊政之一。

外臣如何主持“宫市”，又如何转到宦官手中，以及“宫市”的出现与内廷供应体制变化的关系，其中仍有未明之处若干。

（二）杨国忠领使“宫市”始末

“宫市”有使，始于杨国忠，但外臣执掌内廷采购事宜，并非始自“宫市使”设置之时。

唐前期，内廷所需基本是供送制。供送物品的来源，一是诸司供给，由司农寺、少府寺、太府寺、太仆寺、将作监等负责；二是诸方贡献，有来自地方诸州，有来自戚属百官；三是自供。[1] 殿中省负责御物的管理

[1] 自供方式、自供物品来源及主要种类没有明确记载，也未见专门研究。但自供物品更有可能直接采自市场，日用食品、杂品应该居多。后文所举公主“进食”时有意制造出的炫耀、渲染的场面，可想见，所进之食应在选料、烹饪上都有可值得炫耀、渲染之资本，必定不

支配。[1]一部分供送内中物品须在京城就地采办，采办有两种方式：一是临时所需，即时采买；[2]二是配户和市，由京兆府属官主知。[3]《广异记》所云长安尉主知“宫市”，与裴耀卿废配户和市旧法，两者时间一为开元初，另一为开元中，前后相继，但是否有直接关

同于统一供御。自供在整个供御中的比重随着内廷供应与市场联系的加强而逐渐增加。

[1] 参见李锦绣《唐代财政史稿》上卷（北京大学出版社，1995年），第3分册第2章“供御”，详细记述了供御的基本机构、办事人员、物品来源途径和经费来源等，兹不赘述。

[2] 《唐会要》卷六六《少府监》载：“景龙二年四月十四日，敕：少府季别先出钱二千贯，别库贮，每别敕索物，库内无者，即令市进，皆须对主付值，不得且令供物，于后还钱。其钱兼以绢布丝绵充数。”（〔宋〕王溥编《丛书集成初编》第11册，商务印书馆，1936年，第1156页）李锦绣定名为“别敕索物和市钱”，参见《唐代财政史稿》上卷，第3分册第2章“供御”，第1151页。

[3] 《旧唐书》卷九八《裴耀卿传》：“开元初，累迁长安令。长安旧有配户和市之法，百姓苦之，耀卿到官，一切令出，储蓄之家预给其直，遂无奸僦之弊，公私甚以为便。在职二年，宽猛得中，及去官，县人甚思咏之。”（第3080页）在长安行配户和市之法，多是供应内廷或京城官署所需。按户配，是官物供给体制下所采取的强制性手段，被配之户，多集中在从事商业和手工业人户，以两市人户为主（包括两市周边同类人户），被迫储备官府所规定的物资，以充和市。《册府元龟》卷四八四《邦计部·经费》载：“玄宗开元十六年敕，曰：年支和市合出有处，官既酬钱，无要率户。如闻州县不配有家，率户散科，费损尤甚。设令给假，亦虑隐藏。宜令所司，更申明格敕，应欲反配，须审料度所有和市各就出处。”（第5786页）

系却不甚明了。[1]

商品经济的发展，城市经济文化的繁荣，使内廷对市场的需求极为迫切，与市场的联系更加广泛，内廷人数的增加，更加大了对市场的需求量。[1] 与这种大趋势相适应的是，政府供给系统中市场采购比重逐渐增加。财政体制的变革，财政系统的使职化，内财政内廷市场采购份额逐渐加大，原有供送系统在人员和经费已不能满足宫内的即时需要[2]，城市商品经济日趋活跃，这正是"宫市"置使、权限扩增、人选趋重

---

[1] 据《旧唐书》卷一〇五《王鉷传》，唐玄宗天宝二年，王鉷充任京和市和籴使，则户部财权已经逐渐转由使职统掌。但王鉷充任的使职与内廷供购系统并没有直接联系。第3229页。但据《新唐书·食货志》，配户和市仍未禁绝。

[1] 《旧唐书》卷一八四《宦官传》载："神龙中，宦官三千余人，超授七品以上员外官者千余人，然衣朱紫者尚寡。玄宗在位既久，崇重宫禁，中官稍称旨者，即授三品左右监门将军，得门施棨戟。开元、天宝中，长安大内、大明、兴庆三宫，皇子十宅院、皇孙百孙院，东都大内、上阳两宫，大率宫女四万人，品官黄衣已上三千人，衣朱紫者千余人。"这样算来，内廷仅宦官、宫女已近五万人，长安至少四万人，其他相关人员尚未计在内。（第4751页）

[2] 随着使职的普遍设置，不少在京官吏都被奏充使下判官，如裴宽，开元九年时任长安尉，宇文融为侍御史括天下田户使，奏差其为"江南东道勾当租庸地税兼覆田判官"(《旧唐书》卷一〇〇《李朝隐传》，第3130页)，原有内廷供送环节上的长安尉主知"宫市"一环，裴宽恐怕根本无法顾及，而这并不是个别现象。

的主要原因。

不经由寺监或府县供送系统，而由内廷委派专人负责到京城市场采购，始自杨国忠，但初领使职，并非称“宫市使”。

据前引洪氏《容斋续笔》载，天宝时，杨国忠以宰相领“宫市”使，是为“宫市”之始，后人似未提出异议。但该书前已罗列杨国忠拜相前职衔，任御史大夫时已领“宫市”，而后语“宫市之事，咸谓起于德宗贞元，不知天宝中已有此名，且用宰臣充使也”，显然与史实并不相符，知洪氏考证仍未详尽。

《旧唐书》卷一〇六《杨国忠传》载：“上春秋高，意有所爱恶，国忠探知其情，动契所欲，骤迁检校度支员外郎兼侍御史、监水陆运及司农出纳钱物、内中市买、召募剑南健儿等使，以称职迁度支郎中，不期年，兼领十五余使，转给事中兼御史中丞、专判度支事。是岁，贵妃姊虢国、韩国、秦国三夫人同日拜命。兄铦，拜鸿胪卿。八载，玄宗召公卿百寮，观左藏库。喜其贷币山积，面赐国忠金紫，兼权太府卿事。国忠既专钱谷之任，出入禁中日加亲幸。”[1]既知，杨国忠任职度支员外郎兼侍御史时已兼司农出纳钱物使和“内中市买使”，两使职一管钱物出纳，一管入市采买，迁御史大夫后“内中市买使”已改称“宫市使”，仍由杨国忠领任。虽然“内中市买使”不见他书记载，但从杨国忠前后担任的职掌分析，兼有内外身份，内中采买确实非他莫属。

天宝初年，正是使职扩增的重要时期，“初，宇文融既败，言利者稍息。及杨慎矜得幸，于是韦坚、王鉷之徒竞以利进。百司有利权者，稍稍别置使以领之，旧官充位而已。胡三省注：史言诸使所由始”[2]。司农、太府、度支、户部，包括内廷采购等，都属于“百司有利权者”，因此，都陆续置使领之。“内中市买使”也是在这种背景下设置的。

杨国忠充任“内中市买使”的缘起与具体时间没有明确记载，《旧唐书》本传仅记载了他在任度支员外郎一职时，同时担任“内中市买使”，因此，如果知道何时任职度支员外郎即可。

[1] 《旧唐书》卷一〇六《杨国忠传》，第3243页。

[2] 《资治通鉴》卷二一五“玄宗天宝元年三月”条，第6853页。

杨国忠任“宫市使”前后职历条缕如下：

天宝四载（公元 745 年），杨国忠因诸杨姐妹引见，侍宴禁中，因“专掌樗蒲文簿，钩绞精密”而受到玄宗“好度支郎”的夸奖[1]，凭借诸杨姐妹力荐，被王𫟹奏充判官，进入财政使职系列。

天宝四载八月，杨国忠时任殿中侍御史，充司农出纳钱物使[2]，则他入御史台至少应在天宝四载八月或此前。王𫟹奏充判官也应在八月之前。很可能在这时充任“内中市买使”一职。

天宝四载十一月，杨国忠时任度支郎中，充诸道铸钱使[3]，则他应在四载十一月迁度支郎中前已任职度支员外郎。如上述记载不误，杨国忠在任度支郎中之

[1] 《资治通鉴》卷二一五“天宝四载末”条，第 6869 页。

[2] 《唐会要》卷五九“出纳使”，第 10 册，第 1024 页。《册府元龟》卷四八三《总序》载，开元二十六年，以“侍御史杨慎矜充太府出纳使”；天宝四载，又“以殿中侍御史杨钊充司农出纳钱物使。”（第 6 册，第 5769 页）《资治通鉴》卷二一五“天宝六载十一月”条载，李林甫引（杨国忠）为援，擢为御史，作者显然推定杨国忠任职御史应在天宝六载。同书卷二一六“天宝七载六月”条，杨国忠已任度支郎中兼侍御史，岁中又加领 15 使，当月迁给事中兼御史中丞，注云：“杨国忠兼侍御史，在六载、七载之间”），大约在天宝六载十一月以后，七载六月以前。但其他书记载有出入，现综合各书考察。

[3] 《唐会要》卷五九“铸钱使”条，第 10 册，第 1022 页。

前，已充任司农出纳钱物使，由此亦可推知，他已经承担了“内中市买”的任务，时间应在天宝四载迁度支郎中之前。如考虑到，天宝四载，王铁“务为割剥以求媚”，“岁贡额外钱百亿万，贮于内库，以供宫中宴赐”[1]，而杨国忠主知“内中市买”的主要任务是采买“侍宴”所需，资金也应来自日益膨胀的内库。

天宝六载十一月，李林甫引杨国忠为援，拔擢为御史，[2] 充两京含嘉仓出纳使。[3]

天宝七载六月，杨国忠已任度支郎中兼侍御史，岁中又加领15使，包括“内中市买使”。当月又“迁给事中，兼御史中丞，专判度支事，恩幸日隆”。[4]

天宝八载（公元749年），杨国忠遂“专钱谷之任”，身兼水陆转运、司农出纳钱物、太府出纳钱物、度支诸使。[5]

---

[1] 《资治通鉴》卷二一五“天宝四载冬十月”条，第6868页。

[2] 《资治通鉴》卷二一五“天宝六载十一月”条载，“李林甫屡起大狱，别置推事院于长安。以杨钊有掖庭之亲，出入禁闼所言多听，乃引以为御史”。（第6883页）

[3] 《唐会要》卷五九“出纳使”，第10册，第1024页。

[4] 《资治通鉴》卷二一六“天宝七载六月”条，第6891页。

[5] 《旧唐书》卷一〇六《杨国忠传》，第3242页。

《资治通鉴》卷二一六“天宝十一载秋八月”注云：“左藏，旧有令、丞而已，出纳判官盖帝置也。是时分立诸使，旧来司存之官备员，莫得举其职。杨国忠方承恩遇，领使最多，盖兼左藏出纳使而以魏仲犀为判官也。”左藏为国家正库，“天下赋调之正数钱物则皆归左藏也”，玄宗观左藏库后而赏杨国忠。[1]

综上，天宝四载到六载之间，内中库藏出纳和内廷采买都已由杨国忠一人统领，正式完成了“内中市买”由职官主持转移到使职的过程。[2]

“内中市买使”的设置及转为“宫市使”，是内财政使职趋重的结果。[3]

天宝十一载，王鉷败，赐死，杨国忠统掌内外财权，升任御史大夫，身兼判度支、权知太府卿事、兼蜀郡长史、剑南节度、支度、营田等副大使、本道兼山南西道采访处置使、两京太府、司农出纳、监仓、祠祭、

[1] 《资治通鉴》卷二一六“玄宗天宝八载二月”注，第6893页。

[2] 当时王鉷和杨国忠并掌财政，杨国忠“以椒房之亲出入中禁”，所以，内廷及府藏出纳（包括“内中市买”）王鉷并未染指，二者的冲突势不可免。杨国忠在王鉷失宠到被贬死的过程中起了重要作用。

[3] 关于内、外财政系统及变化，参见李锦绣《唐代财政史稿》下卷第一分册第四章“理财的内诸司”。

木炭、宫市、长春、九成宫等使。

据此可知，“内中市买”在天宝四载已置使，由杨国忠充任，但正式出现“宫市使”的职名是在天宝十一载，职掌显然与“内中市买使”没有区别，主持人仍是杨国忠，看来是职随人走，使职因人而设，并非专以宰相充使。但是，正式设“宫市使”是不是在天宝十一载，还是此前即天宝七载六月以后由“内中市买使”已转为“宫市使”，不详。天宝十一载十一月，杨国忠升为右相，“其判使并如故”。杨国忠所充任的使职，涵盖了“内中市买”从所需库藏收入到支出的各环节，包括度支、司农、御史等。[1]

因此，“宫市使”应在天宝七载六月以后到天宝十一载这段时间，由“内中市买使”改置，杨国忠在升任御史大夫兼领十五余使时，继续领使“宫市”，“内中市买”仍是职掌之一，而权限已大为扩张了。“宫市”与其他由外财政逐渐内化或逐渐独立的使职不同，开始设置就有强烈的内财政色彩。其供职范围主要是为皇帝与以诸杨为主的后宫宴饮采购所需。

---

[1] 参见李锦绣《唐代财政史稿》下卷，第 1064 页。

开元、天宝时，重要财政使职仍由权臣掌领，但宦官已分割了部分财权，主要是在逐渐形成的内财政系统伸展势力，如加置的皇帝私库大盈、琼林二库使就是由宦官领掌[1]。当时内外财政系统处于胶着状态，很多职任尚无明显区分，内财政使往往是通过对原有职任系统的渗透进而才取而代之。王𫓶死后，内外财权都统于杨国忠手中，可为内库财政权由外官手中过渡到内廷的关键。

杨国忠与李林甫和王𫓶不完全相同，他“以椒房之亲，出入中禁”[2]，有诸杨为其邀宠，自己又表现不俗，

[1] 《资治通鉴》卷二二八“德宗建中四年十月丁未”条“琼林、大盈二库”注：“玄宗时王𫓶为户口色役使，征剥财货，每岁进钱百亿，宝货称是，入百宝大盈库，以供人主宴私赏赐之用。则玄宗时已有大盈库。陆贽谏帝曰：琼林、大盈，自古悉无其制，传诸耆旧之说，皆云创自开元，聚敛之臣，贪权饰巧求媚，乃言：‘郡国贡献，所合区分。赋税当委于有司，以给经用；贡献宜归于天子，以奉私求。’玄宗悦之，新置是二库，荡心侈欲，萌祸于兹。迨乎失邦，终以饵寇。则库始于玄宗明矣。宋白曰：大盈库，内库也，以中人主之。至德中，第五琦始悉以租赋进入大盈库，天子以出纳为便，故不复出。”（第 7352 页）大盈库主要收纳钱帛丝布，琼林库主要收纳金银珠宝及器皿。关于库藏内容，参见葛承雍《唐代国库制度》，三秦出版社，1990 年，第 139 页；杜文玉《唐代内诸司使考略》，《陕西师范大学学报》1999 年第 3 期。但玄宗时，琼林、大盈二库具体由谁主知，不详。

[2] 《旧唐书》卷一〇六《李林甫传》，第 3239 页。

最终得到宠幸，虽是以外官系列升迁，但玄宗实际视其为内臣。[1] 杨国忠虽然与王𫟹并掌财政，但两人所领使范围是有区别的，杨国忠所领诸使职，多为内财政系列，以掌管内库出纳为主。自玄宗朝起，凡外臣掌领财政使，下场无一好结果，如王𫟹、第五琦、元载、刘晏、杨炎等。而杨国忠的双重身份决定了他在与王𫟹争权夺利过程中的先天优势，[2] 也使内库出纳和内廷采买在内财政使系统的形成过程中逐渐合一。

"内中市买使"抑或此后的"宫市使"都是直接为内廷所设使。因此，杨国忠是在财政收入由外库向内库转移、内库财政权由外官转到内臣手中的第一位关键人物。

杨国忠以使职身兼内廷出纳采购之任，很显然，这不仅仅是个别人选上的变化，恰恰是因为内廷供送

[1] 即吴丽娱所指的"皇帝私人"性质，参见吴丽娱《试析刘晏理财的宫廷背景——兼论唐后期财政使职与宦官的关系》（《中国史研究》2000 年第 1 期）。

[2] 《新唐书》卷二〇七《宦者上》载："当是时，宇文融、李林甫、盖嘉运、韦坚、杨慎矜、王𫟹、杨国忠、安禄山、安思顺、高仙芝等，虽以才宠进，然皆厚结力士，故能踵至将相。自余承风附会不可计，皆得所欲。"（第 5858 页）厚结宦官，加上后宫内助，杨国忠自然比其他人更有优势。

发生了变化，主知京城两市采购已不再由属于京都府县系统的长安尉等负责，而是转由使职主知。内廷采购选任杨国忠主知，具有个人因素和体制变化的双重意义。

（三）宦官掌领“宫市”始末

《南部新书》乙云：“开元天宝间有内三司，置于禁中，内职有权要者掌之，天下财谷著之簿间，毫发无隐。”[1]是时是否已设内三司，尚未见到其他史料佐证，但内库规模扩大，内财政系统逐渐形成，宦官逐渐控制内财政权已成趋势。

安史之乱是促成“宫市”由外臣转移到宦官手中的关键事件。第五琦是内库财政权由外官转到内臣手中的第二位关键人物。

自肃宗起，宦官已经控制了内廷，外吏逐渐不能“与闻禁中事”，又没有再出现杨国忠这样具有“椒房之亲”身份的外官，内廷供购也就成为外吏不能与闻

[1] 〔宋〕钱易：《南部新书》，《丛书集成初编》第2848册，商务印书馆，1936年，第16页。

的“禁中事”之一了。

如以《南部新书》为据，则代宗时宦官已领“宫市”；如以《资治通鉴》为据，德宗贞元中，宦官始领“宫市使”；如以《顺宗实录》为据，德宗贞元末，才由宦官领“宫市使”。今人讨论“宫市”问题，未见提出异议。[1]追踪史料，内中仍有蹊跷。

《旧唐书》卷一一八《杨炎传》载：“初，国家旧制，天下财赋皆纳于左藏库，而太府四时以数闻，尚书比部覆其出入，上下相辖，无失遗。及第五琦为度支、盐铁使，京师多豪将，求取无节，琦不能禁，乃悉以租赋进入大盈内库，以中人主之意，天子以取给为便，故不复出。是以天下公赋，为人君私藏，有司不得窥其多少，国用不能计其赢缩，殆二十年矣。中官以冗名持簿书，领其事者三百人，皆奉给其间，连结根固不可动。”

---

[1] 陈寅恪《元白诗笺证稿》“卖炭翁”一文，没有区分外官和宦官领使“宫市”的时间，仅笼统地认为“自天宝至大历至贞元五六十年间，皆有宫市”。龚昭民《唐代的“宫市”》、张艳云《唐代“宫市”考》、岳纯之《唐代宫市略说》、李东《唐代“宫市”补正》等论者都依据《顺宗实录》和《资治通鉴》的说法，认为以宦官为“宫市使”，自德宗贞元始。

第五琦，肃宗至德元载（公元 756 年）为度支使；乾元元年（公元 758 年）加度支郎中兼中丞为盐铁使；乾元二年（公元 759 年）为户部侍郎。[1] 可知，肃宗初年，在第五琦的建议下，内库开始分割外库的财赋收入，内库出纳也开始由宦官掌领。[2]

“宫市”转由宦官领掌的关键事件是安史之乱，随着杨国忠殒命马嵬坡，肃宗灵武即位，内廷的权力控制在李辅国等权宦的手中。《新唐书》卷二〇八《李辅国传》载，肃宗还京，“拜（李辅国）殿中监、闲厩、五坊、宫苑、营田、栽接总监等使，兼陇右群牧、京畿铸钱、长春宫等使，少府、殿中二监”，原由杨国忠所领的属于内诸司各使，基本都由李辅国继任。虽然李辅国没有继任杨国忠担任的司农、太府等外财政

[1] 《资治通鉴》卷二一九“肃宗至德元载冬十月”条载，第五琦为山南等五道度支使，同时主持榷盐。（第 7002 页）《旧唐书》卷四九《食货下》载，肃宗乾元元年第五琦加度支郎中兼中丞为盐铁使。（第 2116 页）

[2] 关于唐关肃代德三朝财政使与内廷宦官的关系，可参见吴丽娱《试析刘晏理财的宫廷背景——兼论唐后期财政使职与宦官的关系》，《中国史研究》2000 年第 1 期。关于内库收支与内库财政权，参见李锦绣《唐代财政史稿》下卷第 2 编第 4 章《内库收支》，北京大学出版社，2000 年。

使职，但考虑到内库在这时期通过分割外库财赋收入，已控制了国库的主要出纳权，如宫苑使的主要职掌之一即是供应“宫内所需别索”及“内自勾勘”“破用钱物”[1]，唐末有记载，总监“制巨廪以备国储”，又“兼知太仓出纳”[2]，因此，内中采买也应顺理成章转由宦官负责。在宦官势力继续膨胀的过程中，“宫市”积弊成蠹。

代宗大历时，“宫市”为弊既深，郇谟“哭市”举动主要是针对宦官专权，“宫市”和“监军”，一为财政，一为军政，亦是受世人抨击宦官专权最为激烈之事。

元载与李辅国有戚属关系，为李辅国所荐拔，因此，在元载当权时，宦官仍控制内财政是可能的。[3]

德宗初即位，杨炎为相，曾劝德宗恢复旧制，将

[1] 《唐会要》卷六六《西京苑总监》，第 11 册，第 1165 页。

[2] 敦煌文书伯 3723《记室备要》，是书撰于晚唐五代，赵和平《敦煌表状笺启书仪辑校》录全文并辑校（江苏古籍出版社，1997，第 76 —126 页）。但太仓出纳唐后期很长时间仍由外官专知，《文苑英华》卷四一四孙逖《授严正诲博州司马制》：“门下：朝散大夫、行司农寺丞、摄殿中侍御史、专知太仓出纳使”。（第 3 册，中华书局，1966 年，第 2099 页）孙逖，据《旧唐书》卷一九〇本传，开元后期到天宝初掌制诰，可知撰文时太仓出纳尚由外官专知。宫苑使应该在更晚时才“兼知太仓出纳”。

[3] 《新唐书》卷一四五《元载传》，第 4711 页。

内臣掌财赋出纳权回归到外财政手中。《资治通鉴》卷二二六“大历十四年末”条载：“杨炎顿首于上前曰：财赋者，国之大本，生民之命，重轻安危，靡不由之，是以前世皆使重臣掌其事，犹或耗乱不集。今独使中人出入盈虚，大臣皆不得知，政之蠹敝，莫甚于此。请出之以归有司。度宫中岁用几何，量数奉入，不敢有乏。如此，然后可以为政。上即日下诏：凡财赋皆归左藏，一用旧式，岁于数中择精好者三五千匹[1]，进入大盈。炎以片言移人主意，议者称之。”[2]

这种回归为时甚短[3]，而内库出纳和内廷采购仍由宦官主持的格局并没有变化。

《新唐书》卷五二《食货二》载：“是时，宫中取物

[1] 《资治通鉴》卷二二六“代宗大历十四年十二月”载：“考异曰：《德宗实录》作‘三、五十万匹’，今从《建中实录》。”（第7274页）《册府元龟》卷四八四《邦计部·经费》作“三、五十万匹”（第6册，中华书局，1960年，第5786页）。据宋杰考述，代宗朝绢帛价格在每匹2000文至4000文；德宗朝逐渐跌落，贞元十九年跌至八九百文一匹；德宗末年到宣宗时期，绢帛价格大致在700钱到1100钱之间浮动（宁可主编：《中国经济通史·隋唐五代经济卷》第5章《货币与物价》，经济日报出版社，2000年，第514—515页）。

[2] 《资治通鉴》卷二二六“代宗大历十四年末”条，第7274页；《旧唐书》卷一〇五《王鉷传》：“（天宝）四载，加勾户口色役使”，第3229页。

[3] 《旧唐书》卷一二《德宗本纪上》，第320页。

丁市以中官为宫市使，两市置白望数十百人，以盐估敝衣绢帛尺寸分裂酬其直，又索进奉门户及脚价钱。有赍物入市而空归者。每中官出，沽浆卖饼之家皆彻肆塞门。谏官、御史数上疏谏，不听，人不堪其弊。户部侍郎苏弁言：‘京师游手数千万家无生业者，仰宫市以活，奈何罢’。帝悦，以为然。”[1]上述材料说明德宗时有“宫市使”，但大宦官未见领其职；白望数十百人，数千万家仰“宫市”以活，说明与“宫市”有关的人众多，可能是各宫（院）都有相对独立的采办人员，才会牵涉到如此众多的人？

吴凑，德宗时为京兆尹，曾力图恢复内廷供送旧制，把“宫市”仍列入“府县常务”，《册府元龟》卷六七四《牧守部·公正》云：“吴凑，德宗时为京兆尹。于时，宫禁诸司中官乱于坊市，强赊买物，谓之宫市，人情无聊。凑累上奏其弊，又言：故事，宫市是府县常务，近年已来，中官始自市买。今请每有所要，但敕下府县令供送，若乱入坊市取物，恐小人因缘为奸，真伪难辨。不然，特置宫市，所令中官谨厚者主之。

[1] 《新唐书》卷五二《食货志二》，第 1359 页。

中人不便其事。帝亦不纳。”[1]

可注意的是，吴凑为章敬皇后弟，也兼有内外两重身份，代宗时，甚得信任，“尤为委信”，曾倚重为除元载之外的主要谋臣[2],出任例由宦官执掌的十王宅使。十王宅使（十六王宅使）的主要职责是负责皇子起居、膳食管理，[3]代宗以吴凑为使，在某种意义上，可能是试图削弱宦官内财政权的信号。德宗时，内职掌已被宦官垄断，因此，吴凑提出恢复京兆府、县负责宫中采买事宜，以免宦官扰民的建议，并没有得到实施。虽然吴凑也具有双重身份，但与杨国忠时已不可同日而语。内廷采购权是宦官控制内财政的重要环节，当然不能轻易易手。德宗在某种程度上显然也受制于宦官。

[1] 《册府元龟》第 9 册，第 8055 页。《新唐书》卷五二《食货志二》将其事系于韦凑，误。据《旧唐书》卷一〇一《韦凑传》，韦凑未曾任职京兆尹，且卒于开元十年。

[2] 《新唐书》卷一五九《吴凑传》，第 3147 页。

[3] 参见李锦绣《唐代财政史稿》下卷第 1 分册“十六王宅使”，第 490 页。

（四）“宫市”是否终止于顺宗

世人对宦官领“宫市”的抨击，主要集中在代、德两朝，尤以德宗朝为甚。但史书明确记载担任“宫市使”的只有玄宗朝杨国忠，肃宗即位后，李辅国接任杨国忠的几乎所有重要职掌，但却不见“宫市使”一职。此后历朝权宦都没有担任过“宫市使”的记载，包括气焰熏天的权宦鱼朝恩、程元振等。今人对宦官所担任的使职已有广泛而深入的研究，尤其是唐后期内诸司使使名及职掌，很多是从墓志和出土文书中发掘出来的，但仍未见有“宫市使”，仅据现在所掌握的资料看，大宦官并不担任专掌京城采办的“宫市使”一职。

“宫市”结束于何时，也是一桩疑案。如据《新唐书·德宗本纪》和《顺宗实录》，顺宗一即位，立刻罢“宫市”；如据《新唐书·食货志》，顺宗一即位，不仅罢去“宫市使”，还罢去了盐铁使。但实际上，顺宗以后，盐铁使继续存在，“宫市使”也没有销声匿迹。文宗时，史书记载有“十六宅宫市内官”、[1]“十六宅宫市品官（一为十六宅宫市典）”,[2]“供内品官市典”、“宫市使典”等。[3]据此有学者认为，顺宗以后，“宫市”不仅有使，还有正式属官。[4]

下面一条材料屡被引用，以作为顺宗之后“宫市”仍然存在的依据：

《唐会要》卷八六“市”载：“（会昌）六年（公元846年）七月敕：如闻十六宅置宫市已来，稍苦于百姓，成弊既久，须有改移。自今已后，所出市一物已上，并依三宫直市，不得损刻百姓。”[5]十六宅，据《资治

---

[1]《旧唐书》卷一七下《文宗本纪》载：“（开成二年五月）壬申，上幸十六宅与诸王宴乐。决十六宅宫市内官范文喜等三人，以供诸王食物不精故也。”（第569—570页）

[2]《资治通鉴》卷二四四“太和五年二月”条，第7875页。《新唐书》卷八二《穆宗五子》：“且言宫史晏敬则朱训与申锡昵吏王师文图不轨。”（第3631页）《旧唐书》卷一七五《穆宗五子》：“乃令神策虞候豆卢著告变，言十六宅宫市典晏敬则朱训与申锡亲吏王师文同谋不轨。”（第4537页）

[3]《册府元龟》卷六七〇《内臣部·诬构》载：“状告前供内品官市典朱训与前十六宅宫市典晏敬则……”（第8册，第8008页）

[4] 李锦绣：《唐代财政史稿》下卷第一分册“十六王宅使”，第492页。

[5]《唐会要》第15册，第1583页。《册府元龟》卷五〇四《邦计部·关市》记为会昌元年，载：“会昌元年七月，敕：如闻十六宅置宫市已来，稍苦于百姓，成弊既久，须有改移。自今已后，所出市一物已

通鉴》卷二三八“宪宗元和六年（公元811年）冬十一月”“十六宅”注云：“开元以来，皇子多居禁中，诏附苑城为大宫，分院而处，号十王宅，中人押之；就夹城参天子起居。其后增为十六宅。《旧史》曰：开元于安国寺东附苑城为大宅，分院而居，号十王宅。十王谓庆、忠、棣、鄂、仪、颍、永、荣、延、济。其后盛、仪、寿、丰、恒、梁六王又就封入内宅，此十六宅得名之始也。”十六王宅有自己的库，名维城库，[1]所需从库中按月俸支给。十六宅置“宫市”后，“宫市”支给可能也来自维城库。

唐朝“三宫”有两指，一是指大内、大明和兴庆宫：《旧唐书》卷三八《地理一》：“皇城在西北隅谓之西内，正门曰承天，正殿曰太极，太极之后殿曰两仪，内别殿亭观三十五所。京师西有大明、兴庆，三宫谓之三内。”[2]《旧唐书》卷一八四《宦官列传》：“开元、天宝中，

上，宜并依三宫置市，不得令损刻百姓。”（第6册，第6051页）按，《会要》与《册府》所记年代有异，因未详考，不知孰是。又，《会要》为“直市”，《册府》为“置市”，从字面上理解应是有区别的，待考。

[1] 《旧唐书》卷一〇七《玄宗诸子》：“又于宫中置维城库，诸王月俸物约之而给用。”（第3272页）

[2] 《旧唐书》卷三八《地理一》，第1394页。

长安大内、大明、兴庆三宫，皇子十宅院、皇孙百孙院，东都大内、上阳两宫，大率宫女四万人，品官黄衣已上三千人，衣朱紫者千余人。”[1] 明确三宫所指为大内、大明和兴庆三宫。

另指文宗时三宫太后：《旧唐书》卷五二《后妃列传》：“文宗孝义天然，太和中，太皇太后居兴庆宫，宝历太后居义安殿，皇太后居大内，时号三宫太后。上五日参拜，四节献贺，皆由复道幸南内。朝臣、命妇诣宫门起居，上尤执礼，造次不失。有司尝献新苽樱桃，命献陵寝宗庙之后，中使分送三宫十宅。”[2] 据《长安志》卷九，宝历太后所居义安殿位于兴庆宫内。[3]

既然明令依三宫给直，三宫应各有专人负责采买，所给价钱相对合理，但强调依三宫给直，而不规定依时价给直，可能三宫所给直低于时价，但还没有到严重侵害百姓利益的程度。《唐会要》卷六六《木炭使》载：“（贞元）七年十月，司农卿李模有罪免官。初，

[1] 《旧唐书》卷一八四《宦官列传》，第 4754 页。

[2] 《旧唐书》卷五二《后妃列传下》，第 2198 页。

[3] 〔宋〕宋敏求：《长安志》卷九，《丛书集成初编》第 3210 册，中华书局，1991 年，第 116 页。

司农当供三宫各菜二千车，以度支给车直稍贱，又阴雨不时，菜多伤败，模以度支为辞，上责不先闻奏，故免之。于是模奏司农菜不足，请京兆市之。京兆尹薛珏、万年令韦彤，禁有菜者私卖，上令夺珏俸一月，彤俸三个月。”又，“太和七年（公元 833 年）八月九日敕：司农寺每年供宫内及诸厨各藏菜，并委本寺自供，其菜价委京兆府约每年时价支更，不得配京兆府和市，大仓出给纳。”[1] 可知，私卖菜价高于京兆府给价，配户和市价低于时价。[2]

三宫不论具体何指，都是内廷的主要组成，武宗敕十六宅“宫市”依三宫给直，说明三宫也有到市场采买事宜，但是否也称“宫市”，不详。

内廷“宫市”不见记载，并不等于不置，内廷采购必须面对市场已是不争的事实，即使不称“宫市”，其性质是一样的，由掌领内库的宦官主知也是不会

---

[1] 《唐会要》卷六六，《丛书集成初编》第 11 册，商务印书馆，1936 年，第 1153 页。

[2] 敦煌文书伯 2507 “唐开元水部式”中规定：“其尚食、典膳、祠祭、中书门下所须鱼，并都水采供，诸陵，各所管县供。余应给鱼处及冬藏、度支每年支钱二百贯送都水监，量依时价给直。”说明配户和市价与依时价给价是有区别的。

变的。如果简单地认为顺宗罢“宫市”后，内廷所需又恢复了前期的供送制，或采购人员由外官充任，都是不符合实际情况的。实际上，宦官的权力在唐后期进一步增强，他们所控制的权力领域也进一步扩大。上揭武宗会昌六年（公元 846 年）七月的敕文，针对十六宅“宫市”之弊，也只是敷衍地规定要依市价给值。

杨国忠担任“宫市使”（原称“内中市买使”），主要是为玄宗个人和杨氏姐妹服务，开元天宝时，因宴赐频繁，“进食”相尚之风兴起，“内中市买”遂成为重要职任，也促使各宫、院在京城独自采办活动日益频繁。安史之乱前，皇帝、后宫、东宫、诸王及公主都有隶属于自己的库，支用相对独立，开元、天宝时，库藏支用独立的趋势逐渐加强。[1]《资治通鉴》卷二一六“天宝九载（公元 750 年）二月”条载：“时诸贵戚竞以进食相尚上，命宦官姚思艺为检校进食使。水陆珍羞数千盘，一盘费中人十家之产。中书舍人窦华尝退朝，值公主进食列于中衢，传呼按辔出其间，宫

[1] 参见李锦绣《唐代财政史稿》上卷第三分册，第 1176 页。

苑小儿数百奋梃于前，华仅以身免。”[1] 杨氏姐妹、诸贵戚在皇帝的默许下，以进食相尚，必然要争奇斗鲜，即时采自市场，才能出奇出鲜。这种风气一直延续到宋代，于是造就了北宋东京东华门外和南宋临安和宁门外民间“宫市”市场的形成、喧闹与繁盛。[2]

肃宗以后，内财政系统渐趋完备，内库收入大为增加，内库出纳范围已不限于内廷支度，各宫、院所领（内）库自主权加大，直接到市场采买的份额增加，已不完全依靠计划调拨，甚至有可能也如宋代，在日

[1] 《资治通鉴》卷二一六，第6898页。

[2] 东华门是北宋都城东京宫城东门，《东京梦华录》卷一“大内”条载：“东华门外市井最盛，盖禁中买卖在此。凡饮食时新花果、鱼虾鳖蟹、鹑兔脯腊、金玉珍玩衣着，无非天下之奇。其品味若数十分，客要一二十味下酒，随索目下便有之。其岁时果瓜蔬茹新上，市并茄瓠之类新出，每对可直三五十千。诸阁分争以贵价取之。”（邓之诚注，中华书局，1982年，第31—32页）同书卷八“四月八日”条载：“是月，茄瓠初出上市，东华门争先供进，一对可直三五十千者，时菓则御桃、李子、金杏、林檎之类。”（第202页）和宁门是南宋都城临安宫城北门，《梦粱录》卷八“大内”条：“和宁门外红杈子，早市买卖，市井最盛，盖禁中诸阁分等位宫娥，早晚令黄院子收买食品下饭于此。凡饮食珍味、时新下饭、奇细蔬菜，品件不缺，遇有宣唤收买，实时供进。如府宅贵家欲会宾朋，数下位品件不下一二十件，随索随应，指挥办集，片时俱备，不缺一味。夏初茄瓠新出，每对可值十余贯，诸阁分贵官争进，增价酬之，不较其值，惟得享时新耳。”（〔宋〕吴自牧：《丛书集成》第3219册，中华书局，1985年，第62页）

趋活跃的商品经济刺激下，逐渐增加了独立的经营活动，以应付日益增加的开支需求，甚至以追逐更大利益为目的。[1] 内诸司使任在唐后期细分后，各宫、院

---

[1] 《梦粱录》卷九《内诸司》："慈元殿库、皇后殿库、吴益国位库、淑妃昭修容仪美人才人诸位库，以上并是内侍官兼职提。"（《丛书集成》第 3220 册，第 80 页）同书卷一九《塌房》："且城郭内北关水门里有水路，周回数里，自梅家桥至白洋湖方家桥直到法物库市舶前，有慈元殿及富豪内侍诸司等人家，于水次起造塌房数十所，为屋数千间，专以假赁与市郭间铺席宅舍及客旅寄藏物货并动具等物，四面皆水，不惟可避风烛，亦可免偷盗，极为利便。盖置塌坊家，月月取索假赁者，管巡廊钱会雇养人力，遇夜巡警不致疎虞。"（《丛书集成初编》第 3221 册，第 179 页）〔宋〕耐得翁：《都城纪胜·坊院》："柳永咏钱塘词云：参差一万人家。此元丰以前语也，今中兴行都已百余年，其户口蕃息，仅百万余家者，城之南西北三处，各数十里，人烟生聚，市井坊陌数日经行不尽，各可比外路一小小州郡，足见行都繁盛。而城中北关水门内有水数十里，曰'白洋湖'，其富家于水次起迭塌坊十数所，每所为屋千余间，小者亦数百间，以寄藏都城店铺及客旅物货，四维皆水，亦可防避风烛，又免盗贼，甚为都城富室之便。其它州郡无此。虽荆南、沙市、太平州、黄池，皆客商所聚，亦无此等坊院。"（中国商业出版社，1982 年，第 15 页）《东京梦华录》卷一《内诸司》："内侍省……内藏库、奉宸库、景福殿库、延福宫、殿中省六尚局、诸阁分内香药库。"（第 41 页）〔宋〕李焘：《续资治通鉴长编》卷一二八仁宗："是月，合奉宸五库为一库，在延福宫内，旧名宜圣殿五库。一曰宜圣殿内库；二曰穆清殿库；三曰崇圣殿库；四曰崇圣殿受纳真珠库；五曰崇圣殿乐器库。于是合五库为一，改名奉宸，仍铸印给之。"（第 1 册，上海古籍出版社，1985 年，第 1167 页）《宋史》卷二三《钦宗本纪》："（靖康元年十一月丁巳）皇后入居延福宫。"（第 432 页）关于宋朝内库设置及体制本文不做详解，仅作为唐朝以后，内库增多的参照。

应有使专门负责采买，不再由中央掌权宦官充任。因此，勒索、强夺，更有可能是各宫、院下属出外采办的“宫市使”及典属所为，那些负责采办的低级宦官各恃所依，嚣张于京城市场，如白居易《卖炭翁》中鞭挞的宦官形象。有了这种相对独立的采买行为，才会有十六宅“宫市”典因供食不精，而受到单独处理。

五代时，内廷采购不再称“宫市”。唐后期建立并成为宦官控制朝政重要环节的内财政系统，五代时也大都由武臣掌控，宦官又退回宫禁之内，但内廷供应对市场的依赖性并没有因此而缩减。

（五）白望与游手

这里有两个问题值得关注：

第一个问题是前文所录《新唐书》卷五二《食货志二》中记载的与“宫市”密切相关的两类人。

第一类是“宫市使”下“两市置白望数十百人”，强买强卖，“人不堪其弊”；第二类是户部侍郎苏弁所言“京师游手数千万家无生业者，仰宫市以活”。“白望数百人”身份是什么？“游手数千万家无生业者”[1]因何“仰宫市以活”？史书中没有说明，近人研究时也忽略而过。现推测如下：

“白望”应是各宫、院直接负责采买的低等宦官或从属人员，如《卖炭翁》中的形象。他们借“宫市”之名强取豪夺，敲诈勒索，实际目的是中饱私囊。各宫、院市买开支独立，可能会有定额，也可能带有承包的色彩，所以搜刮越多，中饱越肥。但具体结论，还有待进一步考察。

《资治通鉴》卷二三六“顺宗永贞元年二月甲子”条，形象地记述了宦官依恃权势，为所欲为于京城的丑态，“贞元之末，政事为人患者，如宫市、五坊小儿之类，悉罢之。先是，五坊小儿张捕鸟雀于闾里者，皆为暴横以取人钱物，至有张罗网于门不许人出入者，或张井上使不得汲者，近之，辄曰：汝惊供奉鸟雀，即痛殴之，出钱物求谢乃去。或相聚饮食于酒食之肆，醉饱而去，卖者或不知就索其直，多被驱詈。或时留蛇一囊为质，此蛇所以致鸟雀而捕之者，今留

[1] 《旧唐书》卷一四〇《张建封传》作“游手堕业者”，第3831页。

付汝，幸善饲之，勿令饥渴，卖者愧谢求哀，乃携挈而去。上在东宫，皆知其弊。”[1]

也有并非担任采买任务的宦官，游走于市场，“多诈称宫市，肆夺人物，百姓怨苦”[2]，虽然与真正的“宫市”并无关涉，但也折射出“宫市”这种体制转换过程中渗透的非经济因素及与特权相联的采购方式，对市场的损害不仅限于体制内。唐末，宦官对京城商贾近乎疯狂的掠夺更达到肆无忌惮的地步。《资治通鉴》卷二五二载，僖宗乾符二年（公元 875 年）正月，田令孜“说上籍两市商旅宝货悉输内库，有陈诉者，付京兆杖杀之”。

“京师游手数千万家无生业者”，应指不直接从事生产劳动者，有的并无固定职业。仰“宫市”以活者，应该是商贩、手工业者、承包商、经纪人、从事运输、雇佣劳动等与政府（不仅限于内廷）采购市场有着紧密联系的个体和群体。京城数千万家仰“宫市”以活，

[1] 《资治通鉴》卷二三六“宫市事，见上卷贞元十三年。五坊：一曰鹏坊，二曰鹘坊，三曰鹞坊，四曰鹰坊，五曰狗坊。小儿者，给役五坊者也。唐时给役者多呼为小儿，如苑监小儿，飞龙小儿，五坊小儿是也。五坊属宣微院。”（第 7610 页）

[2] 《册府元龟》卷一八《帝王部 · 帝德》，第 1 册，第 201 页。

有夸大之嫌，但如果是各宫、院分别采办于市场，牵涉的人户当不在少数。可知，京城长安，与市场有关的非生产性人员在政府（包括内廷）供应转换过程中呈现出逐渐增加的趋势。

第二个问题是顺宗罢“宫市”后，为何还有“宫市”？此“宫市”是否同于彼“宫市”？

唐德宗朝，时任职京兆尹的吴凑为抑制“宫市”为害，曾提出两个解决的办法，一是仍按旧有供应体制，将“宫市”纳入“府县常务”；二是“不然，特置宫市，所令中官谨厚者主之”[1]。吴凑所指的“特置宫市”，与“自市买”相区别，有可能是专为内廷采购而设的市场，而非专设的使职，否则，这条建议就没有意义。

据《文献通考》记载，“（宋）初，京师有杂买务、杂买场，以主禁中贸易”，“惩唐宫市之弊，置务以京朝官内侍参掌之，以防侵扰”[2]，说明内廷采购在唐末到宋初，经过整顿后的趋势是：固定场所，有专职官员主持。当然，商品经济的发展和内廷需要的刺激，

[1] 《册府元龟》卷六七四《牧守部·公正》，第 9 册，第 8055 页。

[2] 《文献通考》卷二〇《市籴一》，中华书局，1986 年，第 196 页。

民间“宫市”市场的形成与发展势不可阻，日趋红火。由此想到，在唐朝顺宗正式罢“宫市”以后，为何还有“宫市”及“宫市使（包括属官）”出现？《唐会要》卷八六“市”所载“十六宅置宫市”，是否有可能是固定时间和固定场所的专设“市场”，如宋初的“杂买场”？都有待进一步考察。

宋人鉴于唐朝“宫市”之弊，尤其注意严格限制宦官的权力，内廷采买事宜不再由宦官单独主持。[1]但内廷采买过程中的扰市、压市、欺市等非市场因素仍不同程度存在，只是形式与唐“宫市”所为又有不同。总体上看，宋朝内廷与市场联系更为紧密和广泛，内廷供应体制更趋细密，中央有专门拨款用于内廷采购，内廷各部门（宫）都有相对独立的采购部门、专职采购人员和内库设置。内廷所需，各地贡送、主管

[1] 《文献通考》卷二〇《市籴一》，第196页。同书卷六〇《职官考一四》“杂买杂卖务”载“宋朝杂买务旧曰市买司，太平兴国四年（公元979年）改，至道中废，咸平复置。以京朝及三班内侍三人监掌，和市百物。凡宫禁官物所需，以时供纳。杂卖务，景德四年（公元1007年）置，掌受内外币余之物，计直以待出货，或准折支用。以内侍及三班二人监，后亦差文武朝官。绍兴六年（1136年），诏杂买务、杂卖场，置提辖官一员”。（第549页）

部门供给和自行采购的物品内容也有明显的区分。[1]

内廷供送体制转换是一个逐步过渡的过程，不是孤立发生的，也不能仅从人为因素找原因，其背后应该有着更深刻和更广泛的体制转换因素。我们应考虑到，唐宋时期，官手工业从顶峰走向衰落，白银货币化程度加深，[2]城市商品经济发展刺激内廷对市场需求增加，政府市场采购份额逐渐加大，采购范围逐渐拓宽等，[3]都是促使政府财政体制变化过程中供应体制，[4]由供送制为主逐渐向采购供送并举过渡的积极因素。但在面对市场的政府行为及其运作中，非经济因素困扰、阻碍市场的培育与市场经济的正常发展以各种形式长期存在，非经济因素对市场经济干扰具有顽固性及持久性，宫市为害的现象，仅仅反映了一个侧面的问题，不过是历史长河发展中的一个小插曲，不应只

---

[1] 关于宋朝内廷供应体制和方式，因所涉甚繁，俟后再做探讨。

[2] 参见王文成《宋代白银货币化研究》，云南大学出版社，2001 年。

[3] 李晓:《宋代工商业经济与政府干预研究》第 12 章《宋政府的消费性购买与工商业经济》(中国青年出版社，2000 年)论述了政府消费性购买在宋代的制度化问题。

[4] 李锦绣在《唐代财政史稿》(上卷第 3 分册，北京大学出版社，1995 年)中将其析分为供国、供军、供御。(第 805 页)

归咎于宦官势力恶性膨胀。任何体制内部的局部改革和浅层面的施政举措，或者依靠“人治”，都解决不了体制转变过程中的根本问题。

五、风云际会：笔记小说中的商人

唐代笔记小说中描绘了不少活跃在城市的商人，具体而生动，现在让我们走入他们的“日常”。

（一）“窦乂”——城市商人与城市商业的培育

在探讨城市经济社会时，商人是我们必须关注的群体，甚至应该说是我们关注的中心。唐宋时期，随着城市的繁荣和商品经济的发展，大量商人云集在大都市，很多商人是依托城市发迹、发展的。其中，《太平广记》收录的唐代商人专篇中，《窦乂》是最长最完整的一篇，通过追寻窦乂在长安闯荡发家的轨迹，可以知道有这样一些在城市经济走向繁荣的历史机遇中，抓住商机，白手起家，与城市发展共进退的城市商人群体。

据载，窦乂十几岁独闯京城，以习业为名借居于京中任高官的伯父家庙，出售亲识所赠丝履得钱半斤，以此为本，先后从事种植榆树待成材后出售、雇用劳工制作法烛、西市买地填洼建旅店、加工玉器、木材加工、买卖官职经纪人、投资人等经营活动，行业涉及木材种植业、燃具加工业、旅店建造与租赁业、娱乐器具加工业、玉器加工业、经纪人、金融业，包括种植、加工、建筑、旅店、金融等行业，主要经营活动是在德宗至文宗初年。

可知，窦乂并不是那种直接从事大宗商品的批发、零售、转输的典型商人，更类似于产销一体的投资型商人，在唐代长安市场中，似乎属于“另类”。即便是在经营买卖官职的过程中，也是先将李晟看中的一块地打造好，再以此地作为今后权钱交易的筹码。晚年似乎不再从事具体的经营活动，而是以金融资本投入市场，或委托他人不计利经营，成为食利阶层，或为入股分红形式。

以往研究多将注意力放在窦乂如何白手起家，如何因具有灵活的经营头脑，善于抓住商机而致富。但唐朝城市市场并不是完全成熟的市场经济，进入城市市场的门槛与经营过程中的非市场因素，以及权力寻租在交易中的表现，在《窦乂》一文中都有反映，但往往被人们忽视。唐代城市商品经济发展的非市场因素，以及唐代城市商业经营活动的非主流现象，这是本书对《窦乂》一文探讨的重点。

政治及家世背景。政治及家世背景不是市场准入的基本条件，但窦乂能凭艰苦奋斗起家，又持续发展，家世背景因素不应忽视。

扶风窦氏，可追溯至西汉末以贵戚发迹的窦氏先祖，东汉得势者见于史传的有窦融、窦武、窦宪等人。北魏孝文帝改制，改鲜卑窦氏豆纥陵氏为窦氏。据《新唐书·宰相世系表》，虽此窦氏（豆纥陵氏）非彼窦氏（两汉贵戚窦氏），但进入北朝，攀缘比附，族支交错，盘踞高位，姻亲茂盛。逮及隋唐，“窦氏，自武德至今再为外戚，一品三人，三品以上三十余人，尚主者八人，女为王妃六人，唐世贵盛莫与为比”[1]，因此，“诸

[1] 《旧唐书》卷六一《窦威传》，第2364页。

姑累朝国戚”有史为据，并非虚言。[1]但同属窦氏，也鱼龙混杂。窦乂，祖、父不见史载，很可能属窦氏疏支，且已经没落，或者干脆就是攀附于窦氏的乡人，以扶风为籍。即使是真正的窦氏子弟，祖父辈没有官职、势力和资本，也失去依托。

窦乂原住地不详，借习业为名投奔在京城的伯父[2]，显然此前在长安城无立足之处。同姓附会，有权势者提携族人子弟也是一种社会风气，笔记小说中出现的人物经常是士族大姓（如郑、卢、李、杜等），也是风气和需要使然[3]。笔记小说中主要人物的姓，也是有讲究的，第一等族姓，如崔、卢、李、郑、杜，大

[1] 仅据《隋书》、两《唐书》记载，窦氏家族主要有以下出任显赫官职及为后妃者：窦炽，隋开皇初太傅（参见〔唐〕魏徵等撰：《隋书》卷一，中华书局，1973年）；窦荣定，隋初任洛州总管；窦抗，隋末幽州总管（《隋书》卷三九）；窦毅，隋总管（《旧唐书》卷一）；唐高祖皇后（《旧唐书》卷五一）；睿宗皇后（《旧唐书》卷五一）；窦轨，唐贞观初益州大都督（《旧唐书》卷二）等。《元和姓纂》卷九有窦氏家族详细的世系记载。

[2] 闲厩使：担任过此职的有王鉷、宋王成器、鱼朝恩、安禄山、李愬、王毛仲等人，从唐中叶以后，本职已失。宫苑使：李愬、（穆宗时）李钬、其弟李铦、（贞元时）韩洄、李齐运、（唐末）李瑑曾担任过此职。

[3] 程国赋在《唐五代小说的文化阐释》（人民文学出版社，2002年）第二章《唐五代小说与门第》中有具体叙述。

都是以举子的身份在京城活动，如《枕中记》的卢生（山东著姓），《杜子春》中的杜子春（关中著姓），《李娃传》中的荥阳子郑氏（山东著姓），《谢小娥》中的谢小娥（山东著姓），唐初裴明礼（关中著姓）等。[1]

窦氏属于北朝大姓，进入隋唐已经衰落，虽然还有社会地位，“诸姑累朝国戚”，也有不少位居高官者，但整体来看，至少在唐朝，没有出现一个真正在朝中掌握实权的人物，这就决定了笔记小说中描述的窦乂，虽有依附，但无根基，闯荡于京城，最初只能靠自己的艰苦奋斗。[2]

---

[1] 以上诸人，杜子春见《太平广记》卷一六（出《玄怪续录》），谢小娥见《太平广记》卷四九一，李娃见《太平广记》卷四八一（出《异闻集》）。裴明礼，贞观初曾经营城市生活服务活动，如收售废弃物、种植果树、养蜂等，但很快跻身仕途，一路升到太常卿，见《太平广记》卷二四三引《御史台记》，第 1875 页。

[2] 笔记小说中收录的其他比较成功的商人，如邹凤炽（《太平广记》卷四九五，第 4062—4063 页）、何明远（《太平广记》卷二四三，第 1875 页）、俞大娘（《唐国史补》卷下，第 62 页）、三娘子（《太平广记》卷二八六，第 2279—2280 页）、张高（《太平广记》卷四三六，第 3548 页）等，都非著姓。王元宝（《太平广记》卷四九五）不着籍贯，也应属散姓，与“五姓”“七姓”无关。《新唐书》卷一九九《柳冲传》载：“今流俗独以崔、卢、李、郑为四姓，加太原王号五姓，盖不经也。”（第 5678 页）又，〔唐〕刘餗撰《隋唐嘉话》卷中云：“高宗朝，以太原王、范阳卢、荥阳郑、清河、博陵二崔、陇西、赵郡

但窦义的初闯京城，还是充分利用了窦氏家族的政治社会“资源”，于是他的起步也就有了与其他白手起家者没有的“优势”。

经营内容。窦义的经营内容按时间顺序，罗列如下：

（1）13岁，初闯京城，约大历八年[1]，卖丝履得到小本（做官的亲戚关照，异地销售）。

（2）扫榆荚种树（利用有权势的亲戚提供的地方）卖榆条，一束十余钱，卖百余束；第二年，二百余束，鬻利数倍。约15岁。

（3）后五年，遂取大者作屋椽，仅千余茎，鬻之，得三四万余钱。约20岁（公元780年）。

（4）鬻榆材中车轮者，积累资金，创造条件。

（5）建中初，采取雇人简单分工的做法，流水作业，做成蜡烛，每条售价百文，获利无穷。时间大约是公元780—781年，经营活动类似简单的手工作坊的流

二李等七姓，恃其族望，耻与他姓为婚，乃禁其自婚娶。”（中华书局，1979年，第33页）

[1] 据《长安志》卷八，兴元元年（公元784年）赐李晟永崇里宅，则窦某买小宅当在此后，李晟死于贞元九年，见《资治通鉴》卷二三四“德宗贞元九年八月庚戌”，据此可推算窦的活动年表，第7549页。

水作业，但仅是一锤子买卖。

（6）用三万钱买西市低洼地十几亩，造店二十间，日获利数千，号称“窦家店”。大概是旅店或邸店类，经营时间较长。说明商品经济发展，外来人口中经商和手工业者增加，所以店铺才获利无穷。

（7）买宅得好玉，通过加工玉器，得钱数十万贯。说明奢侈风气，追求豪华之风很盛，京城消费高档商品的市场潜力很大。高档工艺品、奢侈品。

（8）用二百十千，买一小宅，修整后送给有权势的李晟太尉，借机替五六巨商子弟求得官职，又获（中介费）数万贯。此项活动约在贞元七年至贞元九年[1]。此时窦乂应不到30岁。

（9）出钱五千文买树，做成陆博局，计利百余倍，约五百万文（五万贯）。说明游乐之风颇盛，符合唐后期的社会风气，风气带动需求。做实业，手工作坊性质。

[1] 李晟，德宗贞元七年拜太尉，贞元九年死，见《旧唐书》卷一三三《李晟传》，第3685页。

（10）在街西[1]诸大市投资[2]（相当于股本）各千余贯。

有人称赞窦义是多种经营，其实，是以制造加工业起家，策划、原料选材、雇用工人、原材料加工、成品销售一条龙的独立经营，并向旅店（邸店）业发展，虽然有的项目已形成规模，但大多经营项目都没有连续性（除窦家店外），也都没有规模经营后的可持续发展。

经营方式与市场发育。窦义的经营方式类似游击型的，打一枪换一个地方。从13岁（约大历八年）初闯京城，死时80余岁，（约文宗开成末年或武宗会昌初年，公元840—845年），时间跨度60余年，先后从事的经营活动有：种植榆树出售木材（7年），雇用劳工制作法烛（2年），西市买地填洼建旅店（1年），加工玉器（不详），木材加工（不详），买卖官职经纪

[1] 街西可以有两个解释：一是指长安城内朱雀大街以西地区，包括五十四坊和西市；二是指市区内划分的东西街区。这里似为西市街西更合适。

[2] 原文“至其余千产业，街西诸大市各千余贯，与常住法安上人经营，不拣日时供拟，其钱亦不计利”。大概属于金融投资，或入股投资性质。

人（临时），金融投资人（不详）等，行业涉及木材种植业、燃具加工业、旅店建造与租赁业、娱乐器具加工业、玉器加工业、经纪人、金融业、建筑业、旅店租赁业、金融投资等。与笔记小说中其他大商人业有专精不同（如专门从事长途运输的江淮俞大娘，专门从事旅店业的洛州板桥三娘子，专门从事邸店业的长安王元宝、长安邹凤炽，专门从事剔粪业的长安罗会，专门从事“袭胡”业的定州何明远，专门从事转运贸易的长安张高等）。除旅店租赁业和金融投资业维持时间较长，收益较稳定，其他经营活动基本都是在不断变换中寻求机会，赞誉者说他善抓商机，随机应变，有经营头脑。但从另一个角度看，窦义经营范围的不确定性，也说明京城市场发育的不确定性，市场需求（买方市场）不成熟，生活型商品没有形成固定的市场；也可以说，随着城市规模扩大、人口数量增加，人口结构复杂，市场需求的不确定性因素增加，有头脑的人才能抓住商机。

但窦义始终没有形成可持续发展的规模经营，与邸店业（旅店货栈）、转运贸易相比，实业型的经营活动，似乎不确定性更大，经营的不稳定性更大。技术含量高的专门行业具有相对稳定的市场、顾客，往往是父子、师徒相传，具有可持续发展和经营的特点（如乐器、凶肆、餐饮、园艺、玉工等，有些是个体作坊手工业），因此，这种不确定性的经营，对个人来说可能成为致富的机遇，但对市场来讲，成熟的市场才能提供规模经营、持续经营的空间，显然，长安对窦义这种以实业应用型商品为主的经营者，准入基础还有欠缺，才造成窦义经营内容几乎是投机性的没有规律的转换。实业型经营，周期长，持续经营的市场潜力不可预测。实业经营从业者的经营是综合性的，对经营者综合性素质要求高，从策划、资金、生产到销售等环节，都需自己经营。如果没有形成稳定的市场和消费群体，只能采取灵活机动的不断变换的经营方式。但培育市场是需要成本和时间的，不稳定性导致市场无法得到培育。

旅店、餐饮、转运等行业，当城市发展到一定规模，会出现相对稳定的市场需求，从而为规模经营创造了条件。生活服务性行业在城市形成规模后，需求也具有稳定性。如罗会从事的剔粪业，只有稳定的需求，他才能长期从业经营并且可以有比较可观的收益。

笔记小说中的邹凤炽，高宗时，经营综合性商品的转运贸易和邸店，是经营已成形的商品，而窦义是制作市场需要的东西，转化成商品出售，类似临时性的手工工场主兼经销商。说明随着长安人口的增长，随着人口结构的变化，随着人们消费需求的变化，市场需求不仅扩大，也呈现多样化的趋势，窦义根据市场需要或预测市场需求，而变换制作品种，在唐后期的城市商人中，可能具有代表性。

市场发育可分为商品市场、劳动力市场、技术市场和金融市场等几个不同层次，窦义介入的是商品、劳动力和金融市场。与王元宝、邹凤炽等大商人相比，窦义的经营活动更贴近城市居民的日常生活。

人们常用“以末致富、以本守之”来形容传统社会商人的价值取向与资本流动趋向，这种模式导致商业资本回流土地，似乎是中古商业资本流向形成的固定模式。但从笔记小说中的描述看，在城市商品经济发展的现实下，很多情况下，不少商人已经脱离了与土地的基本联系，以城市市场为依托生存发展壮大，窦义就是一个典型例证。

窦义，所有经营以及资金的使用都不涉及土地，最后自己不直接经营，也没有买土地回乡养老，显然老家并无根基。

其他以经营城市生活服务业为主的商人，笔记小说也有记载，如罗会，长安富民，以剔粪为业，“家财巨万”，居室华丽，家人“衫衣极鲜”，“屏风毡褥烹宰，无所不有”，有士人问其既然如此快活，“何为不罢恶事”，罗会的借口是“吾中间停废一二年，奴婢死亡，牛马散失，复业已来，家途稍遂。非情愿也，分合如此。”[1] 其实，罗会的经营以城市存在为前提，经营对象是我们现在所谓的“生活垃圾”，正因为有广阔的市场需求，是城市生活服务不可或缺的行业，罗会才能活得如此潇洒和快活，离开这个行业，也就失去了基本的生存来源，家道当然要衰落。罗会的托词只是颠倒了两者之间的因果关系。这种经营远比经营土地稳定和收益丰厚，他生存的基础就是城市，应该是从城市居民中成长起来的服务性行业经营者，一般情况下也不会去追逐“以本守之”的主流。

再如邹骆驼，高宗时人，“西京怀德坊南门之东，

[1] 《朝野佥载》卷三，第 75 页。

有富商邹凤炽，肩高背曲，有似骆驼，时人号为邹骆驼，其家巨富金宝不可胜计，常与朝贵游。邸店园宅遍满海内，四方物尽为所收，虽古之猗白，不是过也。其家男女婢仆，锦衣玉食，服用器物，皆一时惊异。尝因嫁女，邀诸朝士往临礼席，宾客数千，夜拟供帐，备极华丽。及女即将出，侍婢围绕，绮罗珠翠，垂钗曳履，尤艳丽者，至数百人。众皆愕然，不知孰是新妇矣。又尝谒见高宗，请市终南山中树，估绢一匹。自云：山树虽尽，臣绢未竭。事虽不行，终为天下所诵。”[1] 俨然是京城首富，而且是敢于夸富的暴发户。

窦乂也是这种情况，他们与土地已无任何瓜葛，世代居住在城市。他们已经脱离了土地的羁绊，是城市土生土长的商人，所有经营活动都围绕城市展开，属于城市中不可分割的一部分。

窦乂经营有特点也有局限性，表现在：

（1）没有固定经营内容，在有经济实力之后，也没有做成规模化经营，说明市场需要的不确定性与需求的多元化。与日常生活联系更加紧密，日常生活的

[1] 《太平广记》卷四九五，第 4062 页。

经营空间更大，市场经营范围现代意义上的第三产业中除传统的餐饮与旅店行业等，与城市生活密切相关的行业在不断成长，如剔粪、与娱乐有关的陆博、废品利用等，显著增加，如窦乂、罗会经营的范围。（2）资金积累到一定程度，转而进行非实业性经营活动，如出股本，由代理人进行经营和做中介经纪人。（3）投资性经营是否具有超前意识，不知是否与高利贷有关？

窦氏有权势时，窦乂加紧发家，贞元时已成气候，既攀上李晟，又在两市大商人中树立威信，有经济实力，因此可在两市与巨商对话，并为他们谋取政治利益，又有政治地位。朝中窦氏即使失势，于窦乂也无大碍。

当时，大士族的旁支、弱支很多只能靠经营、经商的方式生存。而经营、经商过程中，谁能有效利用政治资源，谁就有更大的拓展空间、发展机遇，就如文化士族将家世门第与科举、辟署相结合才能连蹈高位，经营者则是将家世政治资源与商场机遇、经营结合，才能获得最大利润空间，才有可能在商场和官场上呼风唤雨。

窦义死时八十余岁，大约是公元840年，文宗开成末年。这一段时间（德宗至文宗），都有窦氏在朝中任要职。

《太平广记》中记载的其他成功商人，与窦义又有不同：

唐初商人，如裴明礼，因是大族，经商只是一时，入仕并无障碍。他的经营方式与窦义很相像，而且都有家世背景。只是裴明礼最终走上仕途，说明经商只是权宜，而非目的。

邹凤炽，虽财大气粗，但没有靠山背景，在政治上没有地位，很容易受到政治因素的干扰。经营所得，很多用来如装饰屋宅，大宴宾客等奢侈性消费，没有实业性的经营活动。据载："后犯事流瓜州，会赦还。及卒，子孙穷匮。"[1]

唐中叶以后商人，如三娘子，书中记载她依靠不法经营致富，应是对女性的偏见和对商人的偏见交织在一起的产物。三娘子的经营活动，是一种综合性经营，餐饮、旅店、交通工具租赁业，小说中的描述有

[1] 《太平广记》卷四九五，第4062页。

些因属诋毁之辞，不足信。

长安张高者，转货于市，资累巨万。[1]转运贸易，这是直接进入市场经营转运贸易的商人。

宋清，卖药于长安西市，“岁计所入，利亦百倍[2]。药品是城市生活日用必需品，宋清专门经营，经营有“道”，凡人“有急难，倾财救之”，利润可观，口碑亦佳，已成规模经营。

窦义的发家，说明长安市场发育的欠缺，发家有政治家世背景，尽管这种家世背景可能是攀附或远支，但也说明市场的准入门槛有非市场因素的介入。李晟的行为实际上是一种类似我们今天常提到的寻租行为，虽然这种行为不一定采取主动的方式进行，但恰恰是官商权钱交易造就了市场资源的重新配置。经营项目的多元化，窦义被誉为有经营头脑的成功商人的代表，实际是市场发育欠缺，使窦义没有稳定的经营范围，没有可持续发展的项目，带有更多投机色彩，

[1] 《太平广记》卷四三六，第3548页；出李复言《续玄怪录》卷四，为续牛僧孺《玄怪录》之作。

[2] 宋清卖药出自《唐国史补》卷中，书中记载多为玄宗开元至穆宗长庆年间事。

不是市场发育正常化的表现，也使长时期对窦义的评价定位不够准确。窦义晚年的选择，似乎是商业资本深层化发展的表现，但书中记载不具体，也不明确，是专门的食利阶层还是入股经营还不清楚。

称窦义为“另类”商人可能不准确，但如果我们能突破行业的观念分析唐代活跃在大都市市场的商人，就会发现有很多“另类”的存在，他们的类型和经营方式、经营规模，与市场的发育程度有着密切的关系，与城市发展的规模与程度有着密切的关系，而且，他们经营的领域更多的是围绕城市生活服务展开的。换言之，城市的发展，是他们生长的基础，他们的出现也是城市发展的必然，只是唐代大都市的发展还没有给他们提供更大的舞台，唐人笔记小说中也没有施与他们更多的笔墨，他们本身也没有形成一个相对固定的群体，因而，往往被忽略。这是我们探讨城市商品经济发展和人口结构必须关注的群体，探讨唐宋变革中的城市社会及城市生活，唐代大都市的“另类”商人是不可或缺的，随着城市商品经济的发展，城市商业及市场的成熟，他们将逐渐进入城市社会的

"主流"群体。[1]

（二）杜子春辈的转型

从魏晋南北朝到唐宋时期，士族群体始终是我们关注的中心或焦点，很多问题由此而衍生并延伸。士族在隋唐时期逐渐产生分化，并最终完成了自己的历史角色。其中，笔记小说中记述了一些正史中有意或无意回避了的士族子弟，他们的转型演绎了这段被忽视的历史过程。

杜子春是我们在探讨上述问题时不可回避的人物。"少落拓，不事家产，然以志气闲旷，纵酒闲游，资产荡尽，投于亲故，皆以不事事见弃。"[2]但他的出现与窦义完全不同。窦义既无家世背景也无起家资金，完全是抱定发财的目标打拼出来的商人。杜子春的经历则有不同，杜姓属关中著姓，杜子春有财富可挥霍，

---

[1] 近年，研究中国古代城市的学者，很多人注意到服务性行业的兴起与城市发展的关系，如陈衍德在《试论唐后期奢侈性消费的特点》（《中国社会经济史研究》1990年第1期）中有述及。

[2]《太平广记》卷一六《杜子春》，第109—112页。

应该也是大族子弟，因纵情声色犬马，耗尽资财，不事生业而被亲戚所弃，沦落在京城，后得一波斯老人三次巨额资助。前两次仍然旧习不改，虽每次都得到百千万的资助，但挥金如土，潦倒如初，第三次，终于幡然醒悟，转到南方扬州，购置地产和经营邸店，成为经营性商人。

故事中写的是“周、隋间人”，但考其活动内容以及最后转到扬州发展，似乎放到唐朝中期以后更符合实际。

这段故事，似乎是讲一个落魄的世家子弟（或士族子弟）后来改邪归正的经历，其实里边有很多玄机，一是为什么杜子春没有选择世家子弟通常走的科举入仕之路；二是他的转型经商为何得到的是波斯商人的资助；三是他转型后的经商地域为何不在两京而到了扬州？

世家大族子弟的分化与没落，一部分通过门荫、科举、入幕等途径继续保持家族的优势，一部分因家族主要人物的衰落而没落，这两部分人都有人做了研究，但还有一部分人转型投入商海，没有得到足够的重视。似乎大家更重视的是因工商致富后，千方百计走上仕途的商人及其子弟，或者利用手中的特权经商牟利的官僚。其实，官宦子弟转型经商也有不少实例，只是正史中几乎没有记载，或如下面将提到的赵操之流，被排除在家族荣誉榜之外，于是往往被忽略。我们看到的有关记述，几乎全是笔记小说中的材料。

《太平广记》记载：于涛，唐宰相于琮（懿宗咸通时宰相）之侄，唐末南游，至平望驿（吴兴郡，浙江湖州一带），得神仙道，多游江湖间，往来贾贩，常拯救人，预言很准，他后来做到泗州、歙州刺史。没有做官之前虽然贵为宰相近亲，也曾经经商[1]。

又，同书记载，赵操，相国赵憬（德宗时宰相）之子，性疏狂不慎，相国屡加教戒，终莫改悔。有过惧罪，因盗小吏之驴，携私钱二缗窜于旗亭下，不日钱尽。奔入山中，遇二叟教他烧炼成黄金，并从事商业活动,后游于江湖[2]。应该也是一个落魄子弟游于商海的事例。但赵操《唐书》无传，《赵憬传》后只附了

[1] 《太平广记》卷四三《于涛》，第 273 页。

[2] 《太平广记》卷七三《赵操》出《集异记》，薛用弱撰，生卒年不详。长庆间任光州即弋阳郡刺史，一说大和中自仪曹郎出守弋阳，第 459 页。

四个有官的儿子，宣亮、全亮、元亮、承亮。虽然于涛和赵操的经历都与神仙、道士有关，但转型经商却是不讳的事实。

世家、士家子弟的转型经商，与社会风气和观念的转变也有关系。这里有一个反面的事例。《太平广记·闾丘子》记载，长安有荥阳郑又玄，名家子也，以门望清贵，看不起寒贱者。在长安读书时，看不起出身商贾的同学闾丘氏子，导致闾丘氏子郁郁寡欢，数年后病故。后又玄调补唐安郡参军，郡守命假尉唐兴，有同舍仇生者，大贾之子，其家资产万计，郑屡受其金钱赂遗，但仍因仇生非士族，未尝以礼貌接之，还屡次辱骂他："汝市井之民，徒知锥刀尔，何为僭居官秩。"仇生因此抑郁自闭，终致弃官病死。故事到这里并没有结束，笔锋一转，继续写了郑生此后的遭遇，他想学道，遭到拒绝，道童对他的评价是"汝以性骄傲，终不能得其道"[1]。这个故事显然是为受到轻视的商贾子弟伸张。这个故事出自晚唐人张读的《宣室志》，而

[1] 《太平广记》卷五二《闾丘子》，第322—323页。

张读是官宦世家[1]子弟。

还应引起重视的是上述故事中的世家子弟转型经商后的地域选择。毛汉光先生在《从士族籍贯迁移看唐代士族之中央化》一文提出的士族中央化趋势[2]对我们很有启发。地方大族向两京迁徙，最主要的因素是政治的集权化，造成政治社会资源向两京集中，铨选制和科举制的确立，正是中央集权高度发展的反映。《通典·选举五·杂议论中》记述开元十七年三月左监门卫录事参军刘秩论曰："隋氏罢中正，举选不本乡曲，故里闾无豪族，井邑无衣冠，人不土著，萃处京畿。"正是当时的真实写照。安史之乱前后，又出现士族南迁的趋势，如果说士族中央化的趋势是政治因素起主导作用，我们看到唐中叶前后的南迁，则有很大一部分原因是经济因素。杜子春是从京城转到扬州，于涛做官、经商都在长江中下游流域，赵操"游于江湖"，

[1] 张读，唐宰相张荐之孙，约生于唐文宗大和八年（公元 834 年）或九年，卒于僖宗中和初年后，历文、武、宣、懿、僖五朝。登进士第，累官至中书舍人，礼部侍郎，典贡举，时称得士。位终尚书左丞。见《旧唐书》卷一四九《张荐传》，第 4025 页。

[2] 参见毛汉光《中国中古社会史论》，上海书店出版社，2000 年，第 235—337 页。

经营地域从西北向江南转移，与经济重心南移趋同。

宋人曾缀集唐人诗句，以说明扬州的兴盛。王楙《野客丛书》云：“唐时，扬州为盛，……当时有扬一益二之语。十里珠帘，二十四桥风月，其气象可知。张祜诗曰：‘十里长街市井连，月明桥上有神仙。人生只合扬州死，禅智山光好墓田。’王建诗曰：‘夜市千灯照碧云，高楼红袖客纷纷。如今不是承平日，犹自笙歌彻晓闻。’徐凝诗曰：‘天下三分明月夜，二分明月在扬州。’[1]其盛如此。”[2]连安禄山都看到了南方的商机，“潜于诸道商胡兴贩。每岁输异方珍货计百万数。每商至，则禄山胡服坐重床，烧香列珍宝，令百胡侍左右，群胡罗拜于下，邀福于天。禄山盛陈牲牢，诸巫击鼓、歌舞，至暮而散。遂令群胡于诸道潜市罗帛，及造绯紫袍、金银鱼袋、腰带等百万计，将为叛逆之资，已八九年矣”[3]。转型经商的士族子弟游离于政治中心之外，从而也离开了史臣的视线，成为游宦文人笔下

[1] 此句诗还有不同版本：二分无赖是扬州。

[2] 〔宋〕王楙撰，郑明、王义耀校点：《野客丛书》卷一五《唐时扬州通州》，上海古籍出版社，1991年，第218页。

[3] 〔唐〕姚汝能撰：《安禄山事迹》卷上，中华书局，2006年，第83页。

的人物。

窦义、杜子春、于涛、赵操都不属于士族子弟的典型或主流人物，应该属于士族疏支或另类，但他们的发展道路又有不同。如窦义，政治上已无可依靠的戚属，经济上也不具有任何实力，但投靠京城有势力的远房亲戚，在起步阶段利用了京城家族的有限资源，此后就靠自己的经营头脑了。类似窦义这样的人，应该是不少的。杜子春族属不详，浪荡无度无以生存后才幡然醒悟，投身商海，发挥了聪明才智。于涛伯父于琮尚广德公主，于家位列当朝权贵，按唐制，大功以上亲不得从事工商业，于涛并没有受到限制。赵操与于涛的家世背景相类似，不过于涛最终回归仕途，而赵操坚持游于江湖。旧族新贵中的另类应该远不止笔记小说中所见到的，只是缺乏记载，或许我们还应期待更多的发现。

（三）“大和会”的背后

城市商业的运作方式和商人的经营之道，笔记小说也给我们提供了很多信息，挖掘这些信息的背后数据，可以有不少新的发现和对城市商业和商人的新认识。

李娃的故事大家比较熟悉，据载，有荥阳（公）子进京赴考[1]，因迷恋妓女李娃而耗尽资财，贫病交加，沦落街头，得到从事丧葬业的西市凶肆救助，并被培养成唱哀歌的高手。东西两凶肆是商业竞争对手，各有优势，东肆物品以奇丽胜出一筹，而西肆歌手哀挽音声屡占上风。当东肆偶然得知被西肆救助的落魄举子荥阳（公）子天生一副绝好歌喉，于是用二万钱将其挖走，秘密加以培养。二肆长相约在天门街[2]展示“佣器”以“较优劣”，当天“士女大和会，聚至数万”，

[1] 《太平广记》卷四八四《李娃传》云：“天宝中，有常州刺史荥阳公者，略其名氏，不书，时望甚崇，家徒甚殷。知命之年有一子，始弱冠矣，隽朗有词藻，迥然不群，深为时辈推伏。其父爱而器之，曰：‘此吾家千里驹也。’应乡赋秀才举，将行，乃盛其服玩车马之饰，计其京师薪储之费，谓之曰：‘吾观尔之才，当一战而霸。今备二载之用，且丰尔之给，将为其志也。’生亦自负，视上第如指掌。”（第3985—3990页）但荥阳公是否有其人，无考。

[2] 天门街即朱雀街，是南北走向的街道，文中东肆设连榻于北隅，西肆置层榻于南隅，有可能是在朱雀门外与春明门和金光门相通的十字街衢举办这类活动。朱雀门大街北段宽155米，春明、金光大街宽120米，街衢对角线为200米左右。对街或斜角设榻“广较胜负”，士女数万人，还是容纳得下的。

“四方之士尽赴趋焉，巷无居人”。西肆歌手“旁若无人”，唱罢，自以为“独步一时”，不承想荥阳（公）子一曲哀歌，“举声清越，响振林木”，“曲度未终，闻者歔欷掩泣”，西肆长受到众人嘲笑，不仅输掉了罚直五万，还输掉了脸面，“惭耻”而“潜遁”。荥阳（公）子终使东肆战胜西肆。后被父亲发现他不务正业，辱没门风，遭暴打濒死，李娃良心发现，将其救回家，专心读书，终于金榜题名，历践清要，妻亦以夫贵。

我们可以暂时抛开才子佳人的话题[1]，挖掘与商业和商人有关的信息。一是“士女大和会”，文中提到的唐长安城东西二凶肆，经常采取展示卖品、角逐哀挽声乐的方式互较胜负，进行商业竞争，这种竞争方式我们在其他的记载中也可以看到，很多人也注意到了这点。商业空间扩大和延伸到街道，在官府的鼓励下，商业竞争和商品促销活动以丰富多彩的方式在街道

[1] 〔日〕妹尾達彦：《唐代後半期の長安と传奇小説——〈李娃传〉の分析を中心として》，《日野開三郎博士頌壽記念論集：中国社会·制度·文化史の諸問題》，中国书店，1987年，第476—505页。中译本：〔日〕妹尾达彦：《唐代后期的长安与传奇小说——以〈李娃传〉的分析为中心》，刘俊文主编《日本中青年学者论中国史·六朝隋唐卷》，上海古籍出版社，1995年，第509—553页。

（而非市区）展开，成为坊市制向街市制转变的重要表现；二是东西街区的区域性竞争模式：这种分区竞争的模式，在其他记载中也屡有出现，这是可以拓展并值得进行更深入考察的问题；三是包括色情业在内的商业服务行业逐渐兴起的趋势。

还可以再举康昆仑的例子。据《乐府杂录·琵琶》载[1]，唐德宗贞元时，长安大旱，“诏移两市祈雨”，市人采取在天门街（即朱雀街）“斗声乐”广较胜负，街东街西各搭彩楼，街东康昆仑堪称琵琶第一高手，“必谓街西无以敌也”。康昆仑登彩楼，弹新曲新调，自然精湛绝伦，没想到以往屡战屡败的街西请出一女郎，怀抱乐器，“及下拨，声如雷，其妙入神”，不禁令康昆仑“惊骇”，德宗闻之，亲自召见。女郎的来历也随之披露，原来是西市豪族为取胜东市，出重金请长安著名的大庄严寺僧人段善本出赛。

东西两凶肆是同行竞争对手，斗声乐大概是它们之间（包括其他的商业行业）竞争经常采用的一种方式，因为我们在别的记载中也看到过，如前举《李娃传》

---

[1]〔唐〕段安节撰，亓娟莉校注：《乐府杂录校注》，上海古籍出版社，2015年，第79页。

中。这里我们看到有几个需要注意的情节：

其一是两篇故事都出现商人斗声乐“广较胜负”，其实是一种展示商品和实力的形式，既是一种商业行为，也构成文化生活的重要部分；其二是我们看到的不仅是商家之间的竞争，僧侣集团和皇室都参加进来，由此我们可以联想到商家背后的势力集团；其三是每次都是以街东街西为竞争对手，二者似乎是两大带有地域性质的商业集团。

对其一，大家都比较注意，但对后两种表现却注意不够，其实这两种表现是我们研究城市商业和商人必须关注的地方。

（四）“扫雪、暖寒”与“敲钟、运钱”

唐前后期商人的变化，已有研究涉及不少，唐后期商人的政治地位和社会地位有明显的提高也是不争的事实，笔记小说的描述把这种变化的实态展现在我们面前。我们先看唐前期高宗朝的邹骆驼和玄宗朝的王元宝。

据《太平广记》记载，邹骆驼，长安人，推小车卖蒸饼，偶然挖出地下财宝，于是成巨富。当然这有可能是邹家对巨额财产来源不明的很好的解释，暴富的真正原因则不得而知。这是他的发家史。发家后，气派全然不同：

> 其家巨富，金宝不可胜计，常与朝贵游。邸店园宅，遍满海内，四方物尽为所收，虽古之猗白，不是过也。其家男女婢仆，锦衣玉食，服用器物，皆一时惊异。尝因嫁女，邀诸朝士往临礼席，宾客数千，夜拟供帐，备极华丽。及女郎将出，侍婢围绕，绮罗珠翠，垂钗曳履，尤艳丽者至数百人。众皆愕然，不知孰是新妇矣。又尝谒见高宗，请市终南山中树，估绢一匹，自云："山树虽尽，臣绢未竭。"事虽不行，终为天下所诵。[1]

同书同卷所记王元宝，所述事迹与邹骆驼极其相似，不过略去了他的发家史。据载，王元宝，开元时

[1] 邹（凤炽）骆驼的事迹分别见于《太平广记》卷四〇〇，第3216页；卷四九五，第4062页。这段记述与《太平广记》卷四九五"王元宝"基本重叠，第4062页，只是主要人物，一为邹骆驼，一为王元宝，时间一为高宗，一为玄宗。但两人的身份都是长安大富商。

长安大富商：

> 玄宗尝召王元宝，问其家私多少。对曰："臣请以绢一匹系陛下南山树，南山树尽，臣绢未穷。"又玄宗御含元殿，望南山，见一白龙横亘山间，问左右，皆言不见，令急召王元宝问之。元宝曰："见一白物横在山顶，不辨其状。"左右贵臣启曰："何故臣等不见？"玄宗曰："我闻至富可敌贵。朕，天下之贵；元宝，天下之富，故见耳。"[1]

"南山树尽，臣绢未穷"，足见王元宝对自己所拥有财富的自矜。与上述的邹骆驼在"买南山树"的情节上完全相同。

据《开元天宝遗事·扫雪迎宾》记载："巨豪王元宝，每至冬月大雪之际，令仆夫自本家坊巷口扫雪为径路，躬亲立于坊巷前迎揖宾客就本家，具酒炙宴乐之，为暖寒之会。"[2]这种琐事躬亲的行为，与前述邹（凤炽）骆驼为款待朝士大摆宴席同样，表现了商人谦恭

[1] 《太平广记》卷四九五《邹凤炽》，第4062—4063页。

[2] 《开元天宝遗事十种》，第67页。

逢迎的心态与举止。

晚唐时商人以财富自矜者也有生动的例子，据《中朝故事》载，唐末黄巢起义后，京师残破，王酒胡“居于上都，巨有钱物，纳钱三十万贯，助修朱雀门。上又诏重修安国寺。毕，亲降车辇以设大斋，乃十二撞新钟，舍钱一万贯，令诸大臣各取意击之。上曰：‘有人能舍钱一千贯文者，却打一槌。’斋罢，王酒胡半醉入来，径上钟楼连打一百下，便于西市运钱十万贯入寺。”[1] 气势显然已不同于邹骆驼与王元宝。

宋人认为，宋代风气与唐已大不相同，尤其是在权衡财富与家世孰轻孰重的问题上，“唐人推崔、卢等姓为甲族，虽子孙贫贱，皆家世所重。今人不复以氏族为事，王公之女，苟贫乏，有盛年而不能嫁者；闾阎富室，便可以婚侯门，壻甲科。”[2] 其实，这种变化唐代已经发生，苏氏，信都（河北）富人，为女择良婿。张文成才华出众，主动前往应聘，但苏氏认为

---

[1] 《太平广记》卷四四九《王氏子》，第4095—4096页。豪友：“长安富民王元宝、杨崇义、郭万金等，国中巨豪也。各以延纳四方多士，竞于供送。朝中名燎往往出于门下，每科场文士集于数家，时人目之为豪友。”（同书第70页）

[2] 〔宋〕赵彦卫撰：《云麓漫钞》卷三，中华书局，1996年，第51页。

张文成虽然才华出众，但不能得富贵，顶多当到五品官，于是选择了其貌不扬，但必做大官的魏知古[1]。如果所记属实，说明富人在关系到社会地位和日后家族发达的婚姻问题上，已经有买方市场的选择权力了，当然，这种变化应该还只是开始。也有后人附会的可能，因为魏知古于高宗武后时已经做到高官，睿宗和玄宗时做到宰相，而张文成虽才华出众，却只做到吏部侍郎。但这类事迹为文人所乐道，文中也无贬损富人的偏颇，应该说也体现了当时文人笔下的社会的价值取向。

（五）重新认识城市商人

如何认识城市商人是我们需要审视的问题。笔记小说给我们提供了很多重新认识城市商人的信息。这里提出几个问题与大家共同思考：

1. 以商人为主体的市民阶层在城市社会中的作用。这是目前笔者正在探讨的问题，在《从士人社会

[1] 《太平广记》卷二二四《苏氏女》，第 1719—1720 页。

到市民社会》一文中进行了专门论述，讨论了城市居民称谓变化以及“市民”称谓产生的历史过程、城市居民主体的变化、城市社会建设重心的下移等问题，此处不再展开。列举为问题之一，希望引起大家的关注。

2. 商人集团背后的非经济因素。前举的琵琶高手康昆仑落败和杜子春转型事迹中，有两个现象值得注意：一是商人群体中的新老士族子弟的渗透，二是商业竞争与商业运作中背后的势力集团的角逐。

3. 如何认识城市商人的土地情结。中国古代商人与土地的关系，似乎已有定论，“以末致富，以本守之”为人所熟知。有学者归纳了商人三种挥之不去的情结：土地情结、儒本情结和官本位情结，列举了邹凤炽、裴明礼、杜子春、王叟等笔记小说记载的人物[1]，并提到商人通过购买土地形成的身份转化问题。其实，在大都市中，城市商人中类似前举的窦乂、罗会，应该不在少数，他们的从商经历和经营内容已经与土地没

[1] 关于邹凤炽、杜子春本书已有论述，裴明礼经商事迹见《太平广记》卷二四三《裴明礼》，第 1874—1875 页；王叟事迹见同书卷一六五，1210 页。商人三种情结的归纳见程国赋：《唐五代小说的文化阐释》，人民文学出版社，2002 年，第 187—193 页。

有什么关系了，他们的资金流向也没有投入土地，如邹骆驼，“邸店园宅，遍满海内，四方物尽为所收”[1]，完全是依托城市，扩大经营规模，与城市共进退的商人群体。因此，对城市商人的特点和发展趋势应该有更准确和全面的认识。笔记小说中与城市商人和商业有关的资料和信息是非常丰富的，本文摭取的仅为片段。

[1]《太平广记》卷四九五《邹凤炽》，第 4062 页。

结 语

中国古代社会经济虽然是以农业为基础，社会经济结构是耕织结合的个体小生产农业，但我们仍然能感受到商品经济的巨大穿透力和渗透力无所不在，在很大程度上昭示着社会发展的水平和进程，影响着社会生活的方方面面。

参考文献

古代文献（基本按成书时代排序）

［1］〔汉〕司马迁撰：《史记》，中华书局，1975年。

［2］〔汉〕桓宽撰，王利器校注：《盐铁论校注》，中华书局，1992年。

［3］〔唐〕魏徵等撰：《隋书》，中华书局，1973年。

［4］〔唐〕房玄龄等撰：《晋书》，中华书局，1974年。

［5］〔唐〕王勃撰，〔清〕蒋清翊注：《王子安集注》，上海古籍出版社，1995年。

［6］〔唐〕张九龄撰：《曲江集》，上海古籍出版社，1992年。

［7］〔唐〕张鷟撰：《朝野佥载》，中华书局，1979年。

［8］〔唐〕李林甫等撰：《唐六典》，中华书局，2014年。

［9］〔唐〕李邕撰：《李北海集》，上海古籍出版社，

1992 年。
［10］〔唐〕刘悚撰：《隋唐嘉话》，中华书局，1979 年。
［11］〔唐〕姚汝能撰：《安禄山事迹》，中华书局，2006 年
［12］〔唐〕白居易、〔宋〕孔传：《白孔六帖》，上海古籍出版社，1992 年。
［13］〔唐〕杜佑撰：《通典》，中华书局，1988 年。
［14］〔唐〕韩愈撰：《顺宗实录》，丛书集成初编本，中华书局，1985 年。
［15］〔唐〕李肇撰：《唐国史补》，上海古籍出版社，1979 年。
［16］〔唐〕元稹撰：《元稹集》，中华书局，2010 年。
［17］〔唐〕段安节撰，亓娟莉校注：《乐府杂录校注》，上海古籍出版社，2015 年。
［18］〔五代〕王仁裕等撰，丁如明辑校：《开元天宝遗事十种》，上海古籍出版社，1985 年。
［19］〔后晋〕刘昫等撰：《旧唐书》，中华书局，1975 年。
［20］〔宋〕王溥编：《唐会要》，丛书集成初编本，商务印书馆，1936 年。
［21］〔宋〕薛居正等撰：《旧五代史》，中华书局，

1976年。
[22]〔宋〕李昉等编:《太平广记》,中华书局,1961年。
[23]〔宋〕李昉等编:《文苑英华》,中华书局,1966年。
[24]〔宋〕王钦若等编:《册府元龟》,中华书局,1960年。
[25]〔宋〕欧阳修、宋祁撰:《新唐书》,中华书局,1975年。
[26]〔宋〕宋敏求编:《长安志》,丛书集成初编本,中华书局,1991年。
[27]〔宋〕宋敏求编:《唐大诏令集》,中华书局,2008年。
[28]〔宋〕司马光撰,〔宋〕胡三省注:《资治通鉴》,中华书局,1956年。
[29]〔宋〕李焘:《续资治通鉴长编》,上海古籍出版社,1985年。
[30]〔宋〕洪迈:《容斋随笔》,中华书局,2005年。
[31]〔宋〕赵彦卫撰:《云麓漫钞》,中华书局,1996年。
[32]〔宋〕王楙撰:《野客丛书》,上海古籍出版社,1991年。
[33]〔宋〕王谠撰,周勋初校证:《唐语林校证》,中

华书局，1987 年。
[34]〔宋〕王应麟:《玉海》，大化书局，1977 年。
[35]〔宋〕道原撰，顾宏义译注:《景德传灯录译注》，上海书店出版社，2010 年。
[36]〔宋〕叶绍翁撰:《四朝闻见录》，中华书局，1989 年。
[37]〔宋〕孟元老撰，邓之诚注:《东京梦华录注》，中华书局，1982 年。
[38]〔宋〕吴自牧:《梦粱录》，《丛书集成》初编本，中华书局，1985 年。
[39]〔宋〕耐得翁:《都城纪胜》，中国商业出版社，1982 年。
[40]〔宋〕王栐撰:《燕翼诒谋录》，中华书局，1981 年。
[41]〔元〕周密辑:《武林旧事》，丛书集成初编本，中华书局，1991 年。
[42]〔元〕马端临撰:《文献通考》，中华书局，2011 年。
[43]〔元〕脱脱等撰:《宋史》，中华书局，1975 年。
[44]〔元〕脱脱等撰:《金史》，中华书局，1975 年。
[45]〔明〕宋濂等撰:《元史》，中华书局，1976 年。
[46]〔清〕浦起龙撰:《读杜心解》，中华书局，1961 年。

［47］〔清〕彭定求等编:《全唐诗》,中华书局,1960 年。
［48］〔清〕董诰等编:《全唐文》，中华书局，1983 年。
［49］《大清会典则例》，文渊阁四库全书本，台湾商务印书馆，1984 年。
［50］《皇朝文献通考》，文渊阁四库全书本，台湾商务印书馆，1984 年。
［51］〔清〕王先谦撰:《荀子集解》,中华书局,1988 年。
［52］〔清〕孙希旦撰:《礼记集解》,中华书局,1989 年。
［53］〔清〕方玉润撰:《诗经原始》,中华书局,1986 年。
［54］〔清〕陆增祥编:《八琼室金石补正》,《石刻史料新编》第一辑，新文丰出版公司，1982 年。
［55］《唐五代笔记小说大观》，上海古籍出版社，2000 年。
［56］马建石等主编:《大清律例通考校注》，中国政法大学出版社，1992 年。
［57］刘俊文撰:《唐律疏议笺解》,中华书局,1996 年。
［58］赵和平:《敦煌表状笺启书仪辑校》，江苏古籍出版社，1997 年。
［59］赵超:《汉魏南北朝墓志汇编》，天津古籍出版社，1992 年。

[60] 黎翔凤撰，梁运华整理:《管子校注》，中华书局，2004 年。

今人著作（按在本书中出现顺序）

[1] 陈寅恪:《元白诗笺证稿》，上海古籍出版社，1978 年。
[2] 伊永文:《宋代市民生活》，中国社会出版社，1999 年。
[3] 冯尔康:《中国社会结构的演变》，河南人民出版社，1994 年。
[4] 王曾瑜:《宋朝阶级结构》，河北教育出版社，1996 年。
[5] 唐长孺:《山居存稿》，中华书局，1989 年。
[6] 李锦绣:《唐代财政史稿》，北京大学出版社，1995 年。
[7] 葛承雍:《唐代国库制度》，三秦出版社，1990 年。
[8] 宁可主编:《中国经济通史·隋唐五代经济卷》，经济日报出版社，2000 年。
[9] 李晓:《宋代工商业经济与政府干预研究》，中国青年出版社，2000 年。

[10] 毛汉光:《中国中古社会史论》，上海书店出版社，2000年。

论文（按在本书中出现顺序）

[1] 陈万里:《宋末—清初中国对外贸易中的瓷器》，《文物》1963年第1期。
[2] 宁欣:《从士人社会到市民社会》，《文史哲》2009年第6期。
[3] 吴铮强:《中国古代市民史研究述评》，《云南社会科学》2003年第1期。
[4] 徐勇:《古代市民政治文化的独特性与局限性分析》，《江汉论坛》1991年第8期。
[5] 郭正忠:《唐宋时期城市的居民结构》，《史学月刊》1986年第2期。
[6] 龚昭民:《唐代的“宫市”》，《中学历史教学》1987年第1期。
[7] 张艳云:《唐代“宫市”考》，《陕西师范大学学报》1989年第3期。
[8] 元峻:《宫市的另一种含义——读两唐书偶记》，《平准学刊》4（下），光明日报出版社，1989年。

[9] 岳纯之:《唐代宫市略说》,《文献》1992 年第 1 期。
[10] 李东:《唐代“宫市”之补正》,《安徽史学》1986 年第 3 期。
[11] 唐长孺:《唐代的内诸司使》,《魏晋南北朝隋唐史资料》第 5、6 辑,武汉大学出版社,1983 年,1984 年。
[12] 贾艳红:《试谈唐中后期的内诸司使》,《齐鲁学刊》1997 年第 4 期。
[13] 杜文玉:《唐代内诸司使考略》,《陕西师范大学学报》1999 年第 3 期。
[14] 赵雨乐:《唐代内诸司使的构造》,《东洋史研究》第 50 期第 4 卷。
[15] 吴丽娱:《试析刘晏理财的宫廷背景——兼论唐后期财政使职与宦官的关系》,《中国史研究》2000 年第 1 期。
[16] 陈衍德:《试论唐后期奢侈性消费的特点》,《中国社会经济史研究》1990 年第 1 期。

日本学者论著(按在本书中出现顺序)

[1]〔日〕妹尾達彦:《唐代後半期の長安と传奇小説——〈李娃传〉の分析を中心として》,《日野開三郎博士頌壽記念論集:中国社会·制度·文化史の諸問題》,中国书店,1987年。中译本:〔日〕妹尾达彦:《唐代后期的长安与传奇小说——以〈李娃传〉的分析为中心》,刘俊文主编《日本中青年学者论中国史·六朝隋唐卷》,上海古籍出版社,1995年。

本书作者相关著作(论文略)

[1]《中国经济通史·隋唐五代经济卷》第六章《城市与交通》,经济日报出版社,2007年第2版。

[2] 宁欣:《唐史识浅录》,北京师范大学出版社,2016年。

[3] 宁欣:《唐宋都城社会结构研究》,商务印书馆,2015年。

后 记

这本小书是将多年以来我对商业和商人的研究心得进行的归纳和整合，部分内容已经发表，也增补了一些更新的研究体会。本书没有面面俱到，而是从五个方面展开论述：一是对中国古代商业特点的基本认识；二是中国古代商业逐渐形成四级市场；三是对工商业者争取话语权所进行的努力的关注；四是在商品经济的冲击下“内廷”与市场关系的变化；五是笔记小说中对商人的生动描述为我们提供了什么信息。这五个方面没有连续性，但却紧密关联，可以从不同侧面了解和思考中国古代的商业及商人。

本书的参考文献部分比较简略，主要列举了本书引用的书著，见谅。

感谢北京师范大学历史学院推出“通古察今”系列丛书，感谢河南人民出版社及责编的辛勤劳动付出，感谢南芳硕士对全书格式的初步调整，感谢李明阳先生对全书的审读和校对，避免了很多错、漏。